OHSAMA BUNKO

眠れないほどおもしろい 信長公記

板野博行

JN102868

三笠書房

「第六天魔王」の才覚と狂気は
どこから生まれたのか――?

『信長公記』の世界へようこそ

はじめに 「天下布武」への道を驀進《ばくしん》した第六天魔王

汝《なれ》や知る　都は野辺《のべ》の　夕雲雀《ゆうひばり》　あがるを見ても　落つる涙は

訳 お前は知っているだろうか。応仁《おうにん》の乱ですっかり焼け野原となってしまった都の夕空に、お前（雲雀）が舞い上がるのを見ているだけでも、落ちてしまうこの涙のことを。

これは、室町《むろまち》時代の軍記物語『応仁記』の中に収められた飯尾彦六左衛門尉《いいのおひころくざえもんのじょう》の歌です。一四六七年に始まった応仁の乱は十一年も続き、京都の町は焼け野原になりました。幕府の権威は地に落ち、世は戦国時代へと突入していきました。

「地位が下の者でも、実力があれば上の者をしのぎ、取って代わることができる」

それまで固定的だった身分秩序が崩壊し、家臣が主家を滅《ほろ》ぼして戦国大名《だいみょう》となって権力を奪取《だっしゅ》する……**「下剋上《げこくじょう》」の始まり**です。

それは戦いに次ぐ戦いの幕開けであり、時に骨肉相食《こつにくあいは》む醜《みにく》い争いもありました。そんな時、「天下《てんか》布武《ふぶ》」を標榜《ひょうぼう》して天下を統一しようという大志を抱き、颯爽《さっそう》と登場したのが織田信長です。

戦国三英傑《さんえいけつ》と呼ばれる「信長・秀吉《ひでよし》・家康《いえやす》」ですが、**信長なくして秀吉なし、秀吉なくして家康なし**、といえます。信長がいなければ、秀吉も家康もいなかったのです。

信長より七歳年長の太田牛一《おおたぎゅういち》は、まだ若き信長を身近に見て、「いずれ大物になる」と直感し、信長の詳細な記録を書き残そうと思い立ったのでしょう。

その牛一の書いた『**信長公記《しんちょうこうき》**』を読むと、信長がいかに個性的で、どれほどの天才だったかがわかります。もし信長が「本能寺《ほんのうじ》の変」で死なず、あと十年でも長生きしていたら、歴史は間違いなく変わっていたでしょう。

本書は、天才信長の生涯とその所業《しょぎょう》をたどりながら、多士《たし》済々《せいせい》たる彼の周辺の人物にも光を当て、わかりやすくおもしろく、信長とその時代のことが理解できるように書きました。『信長公記』の魅力を少しでもお伝えできたら、著者としてこの上ない幸せです。

板野博行

目次

1章　世は下剋上！　風雲児、あらわる!!
……群雄割拠の中、尾張の織田家に信長爆誕！

2章 「桶狭間の戦い」で華麗すぎる戦国デビュー!!

……「伝説の奇策」で運命の歯車が動き出す！

上洛中

3章

宿敵を次々撃破！「天下布武」へと邁進!!

……刃向かうヤツは「根絶やし」のモーレツぶり

4章 豪華絢爛、安土城！「近江を制する者は天下を制す」
……経済ウハウハ、部下にも恵まれ「向かうところ敵なし」!?

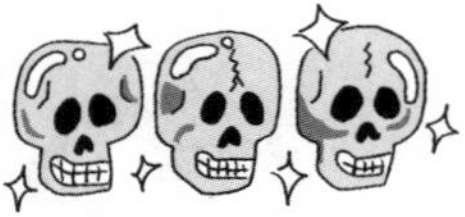

5章

本能寺の変——信長の野望、潰える！

……日本史上、最大級の謀反は、なぜ起きたのか？

◆漫画・イラストレーション　谷端 実
◆地図作成　有限会社美創（伊藤知広）

『信長公記』と『（甫庵）信長記』

『信長公記』は、信長の家臣**太田牛一**（一五二七〜一六一三）によって書かれた織田信長の一代記だ。

構成としては、**信長の幼少期から一五六八年に足利義昭《あしかがよしあき》を奉じて上洛《じょうらく》するまでを**「**首巻**《しゅかん》」とし、それから先は一五八二年の「本能寺の変」に至るまでの十五年を「**一年一巻**」で年月の順を追って日記的に記録し、合わせて全十六巻にまとめられている。

著者の太田牛一は尾張《おわり》（現・愛知県西部）の出身で、信長より七歳年上。牛一は弓の名手として信長に取り立てられて側近《そっきん》（馬廻衆《うままわりしゅう》＝親衛隊《しんえいたい》）として仕《つか》え、信長の生涯を目《ま》の当たりにした。牛一は『信長公記』の奥書《おくがき》に、

「私作私語にあらず。あったことは省《はぶ》かず、なかったことは書かなかった。一つでも偽《いつわ》りを書いたら天道《てんどう》はいかが見るだろうか」

と、「事実のみを書き記したことをお天道様《てんとう》に誓《ちか》う」と誇らしげに宣言している。信長の側近であった牛一が直《じか》に見聞《けんぶん》したものを記している書、ということで『**信長公記**』は「**一級の史料**」とされている。よくぞ書き残してくれたものだ。

ただし、牛一が書き記したものは取材して得たものも多く、その場合、取材相手の話が間違っていれば記事の内容も間違ったものになるのは当然のことで、百パーセント信じることは難しい。事実、年代のミスや重複した話があったり、内容的に矛盾《むじゅん》するものも混ざったりしている。

一方、牛一に遅れること約二十年、江戸前期の儒学者・医者である**小瀬甫庵**《おぜほあん》（一五六四〜一六四〇）の書いた『**（甫庵）信長記**《しんちょうき》』という本がある。この本は、『信長公記』を底本《ていほん》として書かれたもので、甫庵は元の話を膨《ふく》らませたり、ありもしない話を創作したりしているため、史料としての価値は極めて低いとされる。

しかしその分**エンタメとしては傑作**で、本家本元の『信長公記』が秘本《ひほん》とされ、写本でしか伝えられなかったのに対し、『（甫庵）信長記』は江戸初期に刊行されるや、当時のベストセラーとなった（ちなみに、豊臣《とよとみ》秀吉の一代記『太閤記《たいこうき》』も甫庵の作）。

甫庵は、牛一の『信長公記』を「愚直《ぐちょく》すぎる」と評し、エンタメ性を高めた『(甫庵)信長記』を書いたが、同時代に『三河物語《みかわものがたり》』(徳川《とくがわ》家康の事跡などを記した歴史書)を書いた天下のご意見番、通称「彦左衛門《ひこざえもん》」で有名な大久保《おおくぼ》忠教《ただたか》は逆に、『(甫庵)信長記』のことを「偽りが多い」と厳しく批判している。『信長公記』と『(甫庵)信長記』、両書には一長一短があるというところだろう。

そこで本書では、太田牛一の『信長公記』をベースにしながら、『(甫庵)信長記』の内容なども適宜《てきぎ》、取り入れて信長像を立体的に描くことを心がけた。ナビゲーションは小瀬甫庵にしてもらい、牛一の書いたものに時々ツッコミを入れる形にした。

ワシがナビしますので、よろしくお願い申し上げまする!!

1章

世は下剋上！　風雲児、あらわる!!

……群雄割拠の中、尾張の織田家に信長爆誕！

父・信秀の〝スパルタ教育〟に大反抗！

戦国時代を勝ち抜く力を付けよ吉法師!!
父・織田信秀
え？
吉法師
城も築いてやったぞ!!
ズシッ
城
家老
四人
傅役
乳母
次から次へと…お、重い〜!!
吉法師は「信長」と名を変え、エリート教育を受ける
ドス
兵法
弓
鉄砲
城
ドシ
うっ…

父に反抗して「うつけ者（愚か者）」のふりをする信長
やってられるかーっ!!
城
弓
前田利家と二人、ド派手で異様な格好をして町を練り歩き
大うつけだわ
ホントね
前田利家
それを見た町の人々が「大うつけじゃ」と噂した
敵を欺くにはまずは味方からじゃ

一五三四年、織田信秀《のぶひで》と正室土田御前《どたごぜん》の間に嫡男《ちゃくなん》として生まれた信長は、幼名を**「吉法師《きつぽうし》」**といった。

その頃の信秀は、尾張国の守護代で清洲城《きよす》（現・愛知県清須市《きよす》）主の織田家に仕える清洲三奉行《ぶぎょう》の一人という身分にすぎなかった。室町幕府の中での地位では、「守護大名→守護代→奉行」という順なので、まあ、今でいう町長さんくらいのレベルだ。

とはいっても、信秀は三奉行の中では一頭地《いっとうち》を抜く人物で、独立した戦国大名への道を歩き始めていた。**下剋上の世なので、身分の上下などもはや関係ない。**

「力さえあればどうとでもなる。いや、力があるものだけが生き残れるのだ」

尾張有数の良港である津島湊《つしまみなと》（当時、天王川《てんのうがわ》の上流の川幅は広く湊町として栄えた。現・愛知県津島市）を本拠とした富裕な経済力をバックに、野心のある信秀は、三河《みかわ》（現・愛知県東部）に松平氏《まつだいら》、駿河《するが》（現・静岡県中部）に今川氏《いまがわ》、美濃《みの》（現・岐阜県南部）に斎藤氏《さいとう》など、近隣国に群雄《ぐんゆう》が割拠《かっきょ》する中、生涯戦《いくさ》に明け暮れ、領土拡大に努

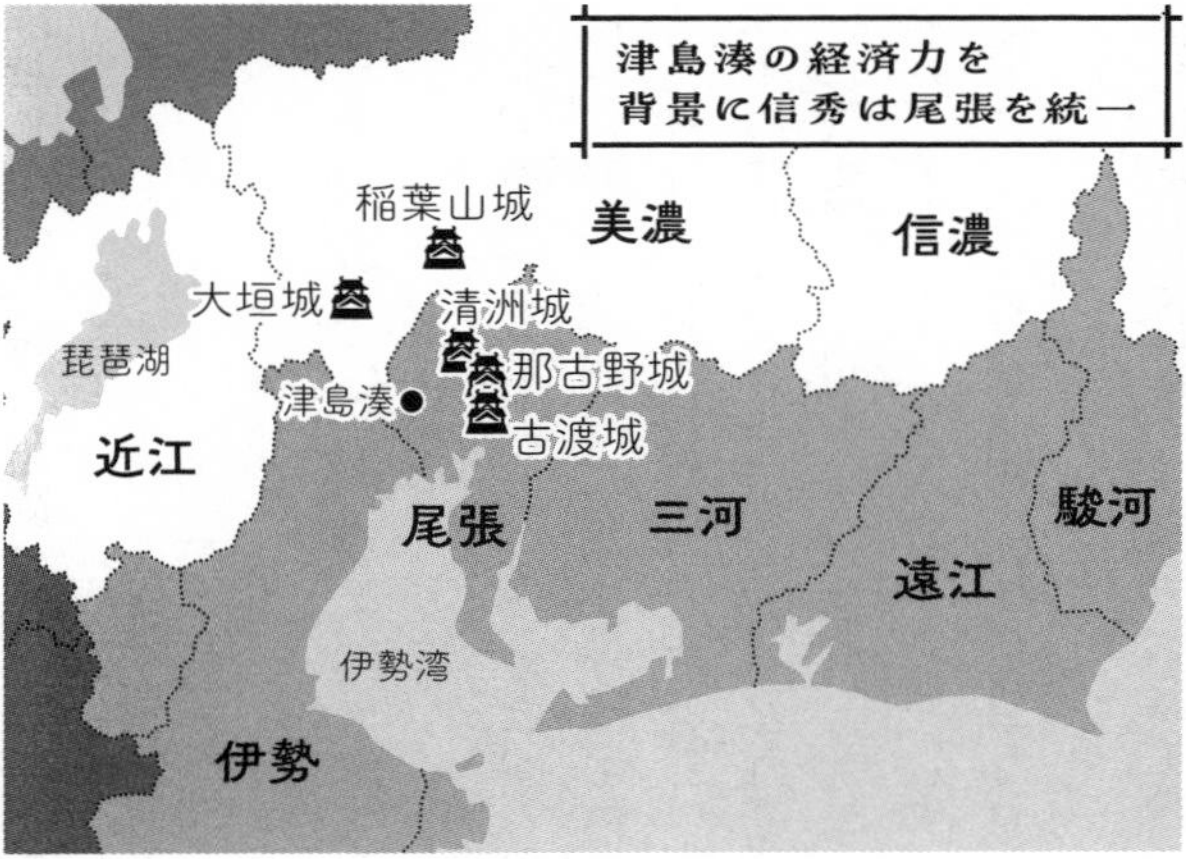

めて尾張統一を目指した。

信秀は嫡男吉法師が生まれると優秀な乳母《めのと》を付け、宿老《しゅくろう》の**平手政秀**《ひらてまさひで》に傅役《もりやく》を命じた。

さらに尾張の中央部に那古野《なごや》城（現・名古屋市中区）を築いて吉法師を住まわせ、平手ら家老《かろう》四人をおそばに付けた。

教育パパゴンと化した信秀は、寺で学問を学ばせるなどして、自分の跡を継ぐ力を、いや、自分を超えて「乱世を生き抜く力」を、吉法師に身に付けさせることを強く望んだ。

しかし幼い吉法師としては、いい迷惑。

「親父のエゴで、毎日毎日やりたくもない習い事をさせられるのはもう、うんざりだ。自由がほしい〜!!」……やがて吉法師は反抗期を迎える（親の期待が大きすぎると反動も大きいものじゃ）。

※「守護代」……在京が義務付けられていた「守護」に代わって現地の支配にあたる役職。

回 織田家の坊ちゃまは「大うつけ」だったのです

一五四六年、数えで十三歳となった吉法師は、父の居城古渡城《ふるわたり》（現・名古屋市中区）において元服《げんぷく》し、織田三郎《さぶろう》信長と名乗った。嫡男信長への期待の大きさに比例するように、元服祝いの酒宴《しゅえん》と祝儀《しゅうぎ》はとても豪勢だった。

十六歳になった信長は、表立っては**市川大介《いちかわだいすけ》に弓を、橋本一巴《はしもといっぱ》に鉄砲を、平田三位《ひらたさんみ》に兵法を習い**、朝夕は馬の稽古、夏は水練《すいれん》に励《はげ》んで鷹狩《たかが》りもするなど、父の言い付け通り、名門となった織田家を立派に継ぐべき武士としての鍛錬《たんれん》に努めていた。しかし、『信長公記』には、当時の信長の身なりについてこう書かれている。

湯帷子《ゆかたびら》の袖《そで》をはずして着、下は半袴《はんばかま》。その腰に火打ち袋やら何やらさまざまな

ものをぶら下げ、髪は茶筅髷《ちゃせんまげ》※。それを紅色や萌黄色《もえぎ》の糸で巻き立てて結《ゆ》い、朱鞘《しゅざや》の大刀《だいとう》（長い刀）を差していた。

……かなりパンクな出で立ちだ。町を練り歩く時も人目を憚《はばか》ることなく、栗や柿、瓜《うり》までかじり食い、町中で餅も立ち食いした。また、人に寄りかかったり人の肩にぶら下がったりしてふざけて歩いた。それを見た**人々は信長を「大うつけ」と評したという。**

信長は、完全に反抗期に突入していた。

茶筅髷

※「茶筅髷」……もとどりを組紐《くみひも》で巻き、先をほどけさせて茶筅のような形にした結い方。

回 悪童上等！〝ヤンキー仲間〟は小姓の前田利家

この頃のヤンキー仲間、いや「うつけ仲間」だったのが、のちに加賀《かが》百万石の祖と呼ばれることになる**前田利家《まえだとしいえ》**だった。信長より少し年下の利家は、美男子だったこともあって信長から**寵愛《ちょうあい》を受け、「衆道《しゅどう》（男色《だんしょく》）」の関係**だった。

戦国時代に花開いた「衆道」とは、主君と小姓《こしょう》（武将のそばに仕えた者）の間での男色の契《ちぎ》りのこと。肉体的関係よりも男同士の精神的な結び付きが重視された。小姓を持たねば一人前の武士とはいえない、とまで考えられていた。

小姓として信長に仕えた利家は、長槍《ながやり》の遣《つか》い手として「槍の又左《またざ》（又左衛門《またざえもん》）」の異名《いみょう》をとっていた。利家は長槍を持ち、「かぶき（傾《かぶ》き）者」と呼ばれたド派手で異様な格好をして、信長と共に町を練り歩いたのだから目立たないわけはない。

やがて、信長が「うつけ者」であるという噂《うわさ》が父信秀の耳に入ってきた。**「うつけ者」とは「愚か者」とか「愚鈍《ぐどん》で馬鹿な奴《やつ》」という意味**なので、父親としては不安でならない。息子を預けた家老四人にその真偽を尋ねると、「癇《かん》の強いお子で、何人もの乳母の乳首を噛み切ったことはございます」（痛かったじゃろうな）と言うだけで、どうも要領を得ない。

傅役の政秀に尋ねると、「信長様は『うつけ』などではなく、大した器量でございます」と太鼓《たいこ》判《ばん》を押してくれた。しかし実は政秀も、信長のうつけぶりが本物（のアホ）なのか、それとも父への反抗心からただ演じているだけなのか、判別がついていなかった（それが政秀の命取りになるのじゃが、その話はのちほど……）。

期待半分、不安半分の政秀の見立てだったが、実際の信長は「うつけ」ではなかった。

子供同士の遊びにおいて冷静に状況を見極める判断をしたり、槍の叩き合いの訓練をする様子を観察して「槍は短くては役に立たないようだ」と考え、柄《え》の長さを三間《けん》（約五・五メートル）または三間半（約六・四メートル）にするよう命じたりしている。当時の槍の長さの平均は二間～二間半（約三・六～四・五メートル）。長い槍のほうが戦いに有利であると信長は考えたのだ。

若くしてこうした合理的な考え方をしていた信長が、「うつけ」なわけはない（ただ、三間半の槍は長すぎて、並大抵の槍の遣い手では扱えなかったじゃろうな……）。

超絶美女・濃姫と政略結婚！

斎藤道三
濃姫
お前の結婚相手の信長だけど…
噂通りの「大うつけ」だったら、これで殺せ！
懐剣
ずいっ
う〜ん…でももし…
信長様がカッコよかったら…
私、父上を殺しちゃうかも!?

一五三五年、尾張の隣国三河では**松平清康《まつだいらきよやす》（家康の祖父）が家臣に暗殺される**という衝撃的な事件が起きた（享年二十五!!）。それをチャンスと見た信秀は、三河に侵攻を開始して西三河を手に入れた。

次に信秀は、斎藤道三《さいとうどうさん》が治める美濃に狙いを付け、大垣《おおがき》城（現・岐阜県大垣市）を手に入れて所領を拡大することに成功した。しかし調子に乗って道三の居城である稲葉《いなば》山《やま》城（現・岐阜市）に攻め込んだのが失敗で、そこで大敗を喫《きっ》してしまった。この戦いで主要な武将など五千人（五十人とも）を失ってしまった**信秀は、一気に窮地《きゅうち》に立たされた。**

まず、道三に大垣城を奪い返され、次に松平氏に援軍を頼まれた今川義元《よしもと》が攻勢を強めてきた。さらに尾張国内においても家臣らと対立するなど、まさに四面楚歌《しめんそか》の状況に陥《おちい》ってしまった。特に今川義元は「海道《かいどう》一の弓取り」との異名をとり、東海道の大部分を支配していた大大名だった。

「このままではまずい。なんとかせねば！」

信秀ピンチ！　この状況を打破するために信秀が取った作戦は、**嫡男信長と道三の娘濃姫《のうひめ》との婚姻を成立させること**だった。戦国時代の常道ともいえる「政略結婚」だ。

信秀は婚姻を通して美濃の道三と同盟関係を結ぶことで、互いの安全を保障し合う手に出た。まさに起死回生《きしかいせい》のこの政略結婚をうまくまとめたのが、信長の傅役だった平手政秀だった。この時、信長十六歳、濃姫は十五歳だった。

美濃を離れる愛娘《まなむすめ》に対して道三は懐剣《かいけん》を渡しながら言った。**「信長が噂通りの『大うつけ』ならば、この剣で信長を刺し殺せ!!」**と。それに対して濃姫は、

承知いたしました。でも父上、この剣で父上を刺すことになるやもしれません。

と答えたという（父親譲りの濃姫の気性の激しさを物語るエピソードといえるじゃろう）。ちなみに濃姫という名は本名ではなく、「美濃のお姫様」を縮めたもので、本名は「帰蝶《きちょう》・胡蝶《こちょう》」ともいわれているが、定かではない。

濃姫は、噂では絶世の美女だったという。「本能寺の変」（5章参照）の時、夫信長を守るために薙刀《なぎなた》を振るって敵兵と戦い、戦死する姿が描かれる場合があるが、これは後世の創作にすぎない。

濃姫に関しては史料が少なく確たる証拠がないので、その人生は謎に包まれている。

信長との間には子供はなく、二十歳くらいで亡くなったという説もあれば、「本能寺の変」後も長生きし、一六一二年に七十八歳で没したという説もある。

回 蝮の道三——「一介の油売り」からの成り上がり伝

ここでちょっと回り道になるが、濃姫の父**斎藤道三**について語っておこう。

山城国《やましろのくに》（現・京都府中南部）に生まれた斎藤道三は、**一介の油売り商人から下剋上によってのし上がった戦国大名**だ。

道三がまだ若く、美濃で油売りの行商《ぎょうしょう》をしていた時のこと。

さあさあ、寄ってらっしゃい、見てらっしゃい!!
これから油を注《そそ》ぎますが、漏斗《ろうと》を使わず、一文銭《いちもんせん》の穴を通して入れてみせます。
油が穴に付いたりこぼれたりしたら、お代はいっさいいただきません。

という口上と油を注ぐパフォーマンスで人気を博し、評判になっていた（『美濃国《みののくに》諸旧記《しょきゅうき》』)。

その商法で成功した道三だったが、ある日、油を買った土岐《とき》家の家臣の一人から、「あなたの油売りの技は素晴らしいが、所詮《しょせん》商人の技だ。その力を武芸に注げば立派な武士になれるだろうに惜しいことだ」と言われ、**一念発起《いちねんほっき》して商売をやめ、槍と鉄砲の稽古《けいこ》をして武芸の達人になった**という。

その後、武士になりたいと思った道三は、美濃の守護大名土岐家の小《こ》守護代、長井《ながい》長弘《ながひろ》の家臣となることに成功した。やがて武芸と商才で頭角を現した道三だが、家臣で満足する玉《たま》ではない。

なんと主人の長弘を殺害し、さらに美濃の守護代斎藤利良《としなが》が病死すると斎藤家の家名を継ぎ(奪い取り)、自身が美濃の守護に擁立《ようりつ》した主君の土岐頼芸《よりのり》を追放して美濃を手中に収めた。下剋上の世とはいえ、その**強引なやり口から人々は道三のことを「蝮《まむし》」と呼んで恐れた**(以上の所伝は、現在の研究では道三の父と二代にわたる事績ともされる)。

尾張への勢力拡大を目論み 道三は娘・濃姫を信長に嫁がせた

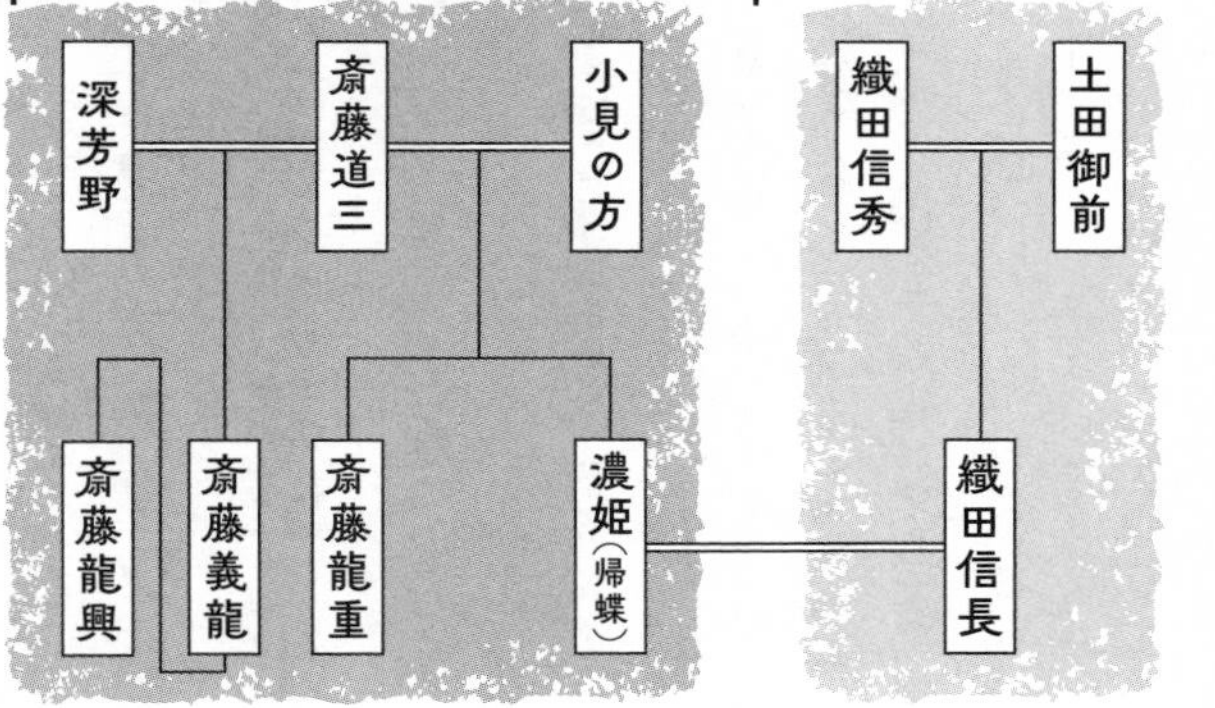

「蝮は親の腹を食い破って産まれる」という言い伝えがあり、「親」にあたる「主君」を食い破った（殺した）恩知らずな道三という意味のあだ名だ。

隣国尾張で勢力を伸ばしていた織田信秀に何度も攻め込まれた道三は、そのたびに撃退《げきたい》し、両国の緊張関係は続いていた。そんな折、信秀の部下である平手政秀が美濃を訪れて、信秀の嫡男信長と道三の娘濃姫との婚姻を提案してきた。

信長の「うつけ」ぶりを知っていた道三は、**娘を嫁《とつ》がせて同盟を結べば、いずれ尾張を手に入れるチャンスが来る**と考え、政秀の提案に乗った。「ぐふふふ」（蝮の道三の笑い声）。

「うつけファッション」のまま父・信秀の葬儀に出席！

一五五一年（諸説あり）、信秀は流行《はや》り病にかかり、懸命の治療や祈禱《きとう》の甲斐《かい》もなく四十二歳の若さで亡くなった。信長が十八歳の時のことだ。

信秀の葬儀《そうぎ》は領国中の僧侶《そうりょ》約三百人を集めて盛大に行われた。その**葬儀の場での信長の出で立《い》ちは、これまたとんでもなく非常識なもの**だった。『信長公記』によると、「長柄《ながつか》の大刀と脇差《わきざし》を藁縄《わらなわ》にて巻き、髪は茶筅髷に巻き立て、袴もはいていなかった」……いつものうつけ姿のままやん……信長は仏前へ進み出たあと、さらに驚くべき行動に出る。

仏前へ御出《い》であつて、抹香《まつこう》をくはつと御つかみ候《そうらい》て、仏前へ投懸《なげか》け御帰り。

訳 仏前に出た信長は、抹香をくわっと摑《つか》んで仏前へ投げかけ、そのまま帰った。

それを見た人々は「礼儀を知らぬ大うつけよ!!」と口々にののしった。**有名な「抹香投げつけ事件」発生**だ。しかし、信長のこうした非常識な態度は、父への精いっぱいの愛情表現であり、告別の辞に代えたものだった。「オレにはスパルタ教育をしてエラそーにしてたくせに、自分は志半ばで病死するなんて情けない。なぜもっと長生きしてくれなかったんだ、このバカ親父～!!」……心の中で泣きながら信長はそう叫んでいたに違いない。

濃姫の侍女が美濃の道三に宛《あ》てた手紙の中に、「**信長様は昨日のために泣くことはなく、明日のためにこそ泣くことのあるお方である、と姫様は申されております**。前へ前へと突き進み行くことに何ひとつ疑いを持たれぬゆえ、冷淡に見えるのです」と書かれている。

しかし、信長のうつけ姿を見た傅役の平手政秀は、のちに、亡くなった主人の信秀に申し訳なく思い、なんとお詫《わ》びに切腹してしまった。

「信長公の傅役をしてきた甲斐がなく、生きていても仕方がありませぬ……」

さすがの信長もショックを受けた。そこで政秀のために政秀寺《せいしゅうじ》（現・名古屋市中区）を建てて菩提《ぼだい》を弔《とむら》い、「過去を改め、行いを正して大功《たいこう》を天下に立て、以前の過失を償《つぐな》おう」と誓った。

のちに、信長が勢力拡大に成功した頃、近臣が、「殿がこれほど強大になるとは知らず、政秀が自害してしまったのは短慮《たんりょ》でしたな」と言った。

すると信長は血相《けっそう》を変え、「オレがこのように武人として成功しているのは、政秀の死によって悔い改めたからだ。古今《ここん》に比類のない人物である政秀を『短慮』と言う、その方らの心根《こころね》のほうが無念だ」と怒ったという。

信長は政秀の忌日《きじつ》には必ず政秀寺に参詣《さんけい》した。また、鷹狩りの際には、鷹が獲《と》った鳥を引き裂き、**「政秀、これを食べろ」**と言って、その一片を空に向かって投げ、涙を浮かべていたという。

回 初対面！　道三、信長の「非凡な男のオーラ」を看取

父信秀が病死したあと、家督《かとく》を継いだのは信長だった。

道三の娘濃姫と結婚してすでに三年経っていたが、道三と信長とはまだ一度も会ったことがなかった。そこで道三は、娘婿《むすめむこ》が本当に「うつけ」かどうか確かめるために、信長に会うことにした。

一五五三年四月、道三と信長は尾張と美濃の国境《くにざかい》近く、中立地帯にある正《しょう》（聖）徳《とく》寺《じ》（現・愛知県一宮市）で初めて会見することになった。

その際道三は、正装した七、八百人もの家臣を従えて先に正徳寺に到着し、御堂《みどう》の縁にずらりと並ばせ、自分は町はずれの小屋に隠れて信長の様子を観察した。

やって来た弱冠《じゃっかん》二十歳の信長は、父の葬儀の時と同様のパンク姿なうえに、腰の周りには火打ち袋と瓢簞《ひょうたん》をぶら下げ、見るからに「うつけ者」の恰好《かっこう》をしていた。ただ、後ろに槍五百本、弓と鉄砲五百挺《ちょう》を持たせた総勢七、八百人を引き連れていた。

この時の従者たちが持っていた槍は、「三間半の朱色の長槍」だったと『信長公

記』には書かれている。また「弓と鉄砲五百挺」というのは、実際の鉄砲の数はわからないが、当時としては相当な数だったろう。道三を威嚇《いかく》するには十分だったに違いない。

いよいよ正徳寺での会見が始まると、そこに現れた信長は先ほどとはうって変わっての正装姿。「おおっ、さっきまでの姿とは全然違う」と道三が感心したのも束《つか》の間《ま》、突然無礼な態度を取ったりする信長に、百戦練磨《ひゃくせんれんま》の道三もさすがに翻弄《ほんろう》された。

ともあれ、二人は湯漬けを食べ、盃《さかずき》を交わすなどして無事に初顔合わせは終わった。その帰り道、道三の家臣が、「やはり信長は『うつけ者』でしたな」と言ったのに対し、道三は憮然《ぶぜん》としてこう言った。

山城が子共《こども》、たわけが門外に馬を繋《つな》ぐべき事、案の内にて候《そうろう》。

訳 ワシの子供たちは、たわけ者信長の下について、ご機嫌を窺《うかが》うことになるだろう。

さすが「蝮の道三」と呼ばれただけのことはある。**信長の非凡な能力を見て取り、**

うつけぶりは芝居だと見抜いたのだろう。そしてこの予言は、のちに見事に的中する。

回 濃姫に「偽情報」をリーク！ 閨房での狡知な計略

ある時、濃姫は夫（信長）の様子がおかしいことに気が付く。

毎晩、自分が寝ている間にこっそり外出しては明け方に帰ってくる……どこかに通っている女がいるに違いない。そこで濃姫は信長を問い詰めた。すると信長は、「女などいない、夫婦の間でも隠さねばならぬ秘事なのだ」と言い逃れようとしたが、濃姫は納得しない。仕方なく**信長は「絶対に口外しないこと」を条件に、その理由を打ち明けた。**

「実はお前の父道三の、ある家老とオレとは通じていて、その家老に道三の暗殺を命じている。それが成功したら夜中に合図の狼煙《のろし》が上がる手はずになっているので、それを毎晩確認しに行っているのだ」と言った。それを聞いた濃姫は青ざめた。

その様子を見た信長は、次の日から濃姫に見張りを付けたが、隙《すき》をついた濃姫は事情を書いた手紙を父に届けさせた。それを読んだ道三は驚き、怒ってその家老を斬罪《ざんざい》にした。

しかし、これは**信長の計略**だった。信長は道三の勢力を削ぐために嘘をついて濃姫に密告させ、道三自らの手で有能な家老を殺させたのだ。敵を欺《あざむ》くにはまず味方から……信長の閨房《けいぼう》での狡知《こうち》な計略、見事成功!!

ただし、**「女がいない」というのは嘘**で、この頃信長は侍女のお鍋《なべ》に手を付けて孕《はら》ませている。困った信長が傅役の政秀に相談したところ、政秀は家臣の一人に身《み》重《おも》のお鍋を妻として与えた。お鍋はその家臣との間の子という建《た》て前《まえ》で信長の隠し子（男子）を生んでいる。

ちなみに信長には十三人の息子と十人の娘がいたとされる（諸説あり）が、その母親の名は大半が不明だ。信長は侍女だけでなく、家臣の妹や息子の乳母にまで手を出している。こうした信長の女癖の悪さが、政秀の自刃《じじん》の理由の一つになったともいわれている（「英雄色を好む」とはいうものの……）。

回 蝮の孫・龍興を討ち、美濃をまんまと手中に！

道三にとって悩みの種は、息子の義龍《よしたつ》のことだった。義龍の実母・深芳野《みよしの》はかつて道三の主人だった土岐頼芸《ときよりのり》の愛妾《あいしょう》だった女性で、**身ごもったまま道三に下げ渡された**ため、義龍は道三の実子ではないといわれている（33ページ参照）。そのためか親子の仲は悪く、確執が生じた。

道三は義龍に家督を譲るが、それは表向きの話。裏では実子に家督を相続させるために画策《かくさく》していた。しかし、それを察知した義龍は異母弟二人を殺害してしまう。実子を二人も殺された道三と義龍の間には、どうにもならない溝ができ、ついに戦うことになった。道三の部下たちが続々と集まってきた……と思ったら、多くは義龍のもとへ参じた。義龍の兵一万七千に対して、道三はたったの二千。

蝮の道三、残念ながら人望がなかった（まあ、「蝮」だし、無理もないか……）。

道三の娘婿である信長の兵が援軍として向かったが、時すでに遅し。到着前に道三は敗れ、首を取られてしまった。しかも、首を掻《か》き斬られただけでなく、鼻まで削ぎ

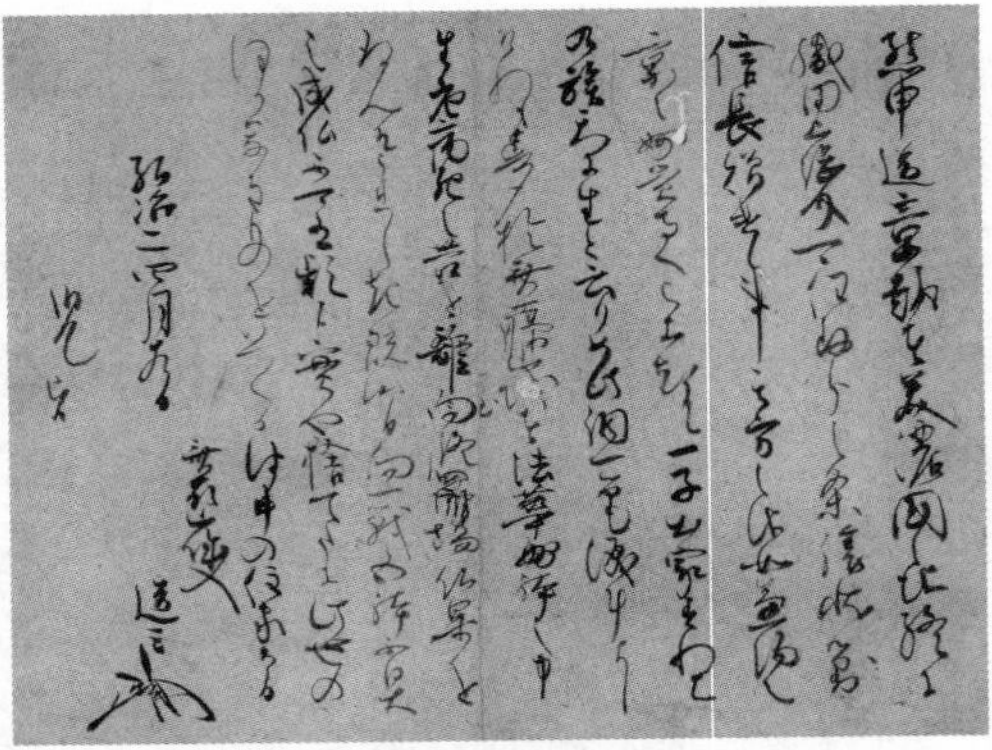

道三が利治に託した遺言状。「美濃は信長に譲る」
――道三と義龍の間の溝は埋めようもないほど深かった

落とされるという残酷な扱いを受けた。

亡くなる前日、死を覚悟した道三は、

美濃国は織田上総介《かずさのすけ》信長に譲渡いたす。

という遺言状（美濃国譲《くにゆず》り状）を信長に渡すよう末子《ばっし》の利治《としはる》に託している。

骨肉の争いを制した義龍だが、この戦いの五年後に急死し、その子龍興《たつおき》が跡を継いだ。しかし道三が死んでから十一年後の一五六七年、信長が美濃に侵攻して龍興を破り、美濃から追放した。

道三の遺言状通り、信長は美濃を手に入れたのだ。

「ファンキーすぎる信長」vs.「常識人の兄弟たち」

信長の兄弟は、系図を見ると少なくとも十一人確認できる。ちなみに姉妹は十二人（やるな、信秀殿）。しかし、討ち死にしたり横死《おうし》したりして天寿を全《まっと》うできた人はほとんどいない……すごい時代だ。

ここでは、**信長に反旗《はんき》を翻《ひるがえ》した信広《のぶひろ》と信行《のぶゆき》（信勝《のぶかつ》）**の二人を紹介しておこう。

異母兄、信広は側室の子で、信長より五、六歳年長だったといわれている。美濃の斎藤義龍（道三の息子）と結んで信長の居城清洲城の乗っ取りを謀《はか》ったが露見し、結局信長に降伏した。その後は信長に忠実に仕えた。

信行は信勝とも呼ばれ、信長と同じ母土田御前が生んだ弟だった。嫡男だった信長が実母から引き離されて乳母に育てられた（当時はそれが普通だった）のに対して、信行は実母のもとで愛情たっぷりに育てられた。信長が「うつけ」になった（装った）のも、実母の愛情が薄かったことに対する反抗心からではないかという説がある。

やがて元服した信行は、信長に対して対抗心を燃やし始める。

「なぜ、まともな自分が、あのうつけ者の兄の下に仕えなければならないのか」

信行のこの疑問は、もっともなことだった。父信秀の葬儀の時にも信長の礼を失した態度に対して、信行のほうは「あるべきごとくの御沙汰《ごさた》なり」と書かれているように、折り目正しい肩衣《かたぎぬ》袴姿で礼にかなった作法で臨《のぞ》んでいる。

周りの重臣たちも、常識人信行のほうが織田家の跡継ぎとしてふさわしいと判断して、信行擁立に傾く者が多かった。

回 家臣に渦巻く逆心！「いっそ、信行様を主君に…？」

信長の父信秀の死から五年経った一五五六年のこと。

信秀の一番家老で信長の重臣でもあった林秀貞《はやしひでさだ》が、実弟の林美作守《はやしみまさかのかみ》と柴田《しばた》勝家《かついえ》と三人で共謀《きょうぼう》して信行を守《も》り立てようと、信長に対して逆心を抱いているとの噂が聞こえてきた。

この動きに対して信長は、**危険を承知で反信長派の拠点である那古野城を偵察に訪れた。** 林兄弟としては最初は「飛んで火に入る夏の虫」と信長の暗殺を考えたが、秀貞が思い直して「三代にわたって恩を受けた主君を、恥知らずにもここで手にかけるなど、天罰が恐ろしい」と、ひよったため命を取らず、信長を帰した。**信長は命拾いした。**

もしここで秀貞たちが信長を謀殺《ぼうさつ》していたら、歴史は変わっていただろう……。

まもなく、信行が信長の領地の一つを奪ったことをきっかけに戦いが始まった。信行方は柴田勝家が約千人、林美作守が約七百人で出兵してきたのに対して、信長の軍勢は七百人にも満たなかった。しかも信長はまだ二十三歳の若造にすぎない。

回 大ピンチに直面して信長ブチギレ! 敵兵を威圧!!

この**「稲生《いのう》の戦い」は、信長の生涯でも九死に一生を得た危険な戦い**だった。両軍が激突すると、数で劣る信長勢は劣勢に立たされた。次々に味方の武将が討ち死にしていく様子を見た信長は、敵兵に向かって怒声を発した。

「うぬめらがー!!」

こ、怖い!!

もともと身内だった敵兵は、その声を聞いて信長の威光に恐れおののき、雪崩《なだれ》を打って逃げ去った。

信長は怒髪天《どはつてん》を衝《つ》いた姿のまま林美作守の軍勢に攻めかかり、自ら美作守の首を取った。さらに追撃して柴田・林の両勢を討ち破り、その日は**清洲城**に帰陣した。翌日の首実検での敵首の数は四百五十余級にものぼったという。

この清洲城は、守護代織田家が本城とした城で、尾張国の中心に位置した。信長は守護代の織田信友《のぶとも》を滅ぼしてこの城を奪い、それまで居城としていた那古野城から移って大改修を加えたのち、居城としていた（那古野城には林秀貞が入った）。

信長は、この城から「桶狭間《おけはざま》の戦い」に出陣したり、家康との間で「清洲同盟」を結んだりした。また、信長の死後「清洲会議」が行われたのもこの城だ。現在は大部分が消失しているのが残念だ（現在の天守は、城跡の隣接地に一九八九年に建てられた模擬天守）。

回「母のとりなし」もむなしく弟・信行を謀殺

閑話休題。戦い済んで日が暮れて、和睦《わぼく》を図《はか》ることになった。

実母土田御前のとりなしもあって、**信長は弟の信行、勝家・秀貞らを赦《ゆる》した**。母の必死の嘆願というのもあるが、対外的に前途多難《ぜんとたなん》の時期だったので、身内で争っている場合ではなく、降伏さえすれば赦免《しゃめん》するにやぶさかではなかった。

しかし、信行は納得がいかなかった。兄への反抗心を抑えることができず、翌年再び信長に戦いを挑もうとした。しかし、今度は**勝家が信行を裏切って謀反《むほん》を信長に密告**した。勝家は信行を見限り、信長の実力を認めるようになっていたのだ。

密告を聞いた信長は、病気のふりをして城から一歩も出ず、母へ重病を訴える手紙（もちろんウソじゃ）を出した。すると母が信行に対して、「実の兄なのですから、お見舞いに行ったほうがよいでしょう」と勧めたので、信行は清洲城にお見舞いに出かけた。

信行が信長の寝所《しんじょ》に近づいた時、刺客《しかく》が躍り出て信行を仕留《しと》めた。おびき出され、まんまとワナにはまって命を奪われた信行だった。

ちなみに**信行を討った刺客とは、信長の乳兄弟《ちきょうだい》である池田《いけだ》恒興《つねおき》**で、信長の第一の忠臣だった。恒興はこのあと、信長に命じられて自分が殺した信行の妻を娶《めと》らされた。信長とすれば、兄弟間の恨《うら》みを残さないための宥和《ゆうわ》策だったのだろう。

戦国時代に生まれた女性の多くが政略結婚の道具にされる運命にあったとはいえ、恒興と信行の未亡人にとって、この信長の命令は過酷なものだった。

ところが、**二人の間に生まれた輝政《てるまさ》は、信長・秀吉・家康に仕えて活躍し、国宝にして世界遺産の、あの壮麗な姫路《ひめじ》城を築いた**のだから、人の運命とはわからないものだ。

コラム

信長は「人質・竹千代」に会っていた？

一五四二年、三河を治める松平家に竹千代《たけちよ》（のちの徳川家康）が生まれた。信長の八歳下にあたる。織田信秀（信長の父）が三河に攻め込んできた時、松平広忠《ひろただ》（家康の父）は単独では勝てないと判断して隣国の今川義元に援軍を申し入れると、引き換え条件として人質を要求された。

そこで**広忠は、数え六歳の竹千代を人質として差し出した。**ところが駿府《すんぷ》（現・静岡市）への護送中、広忠の舅《しゅうと》である戸田康光《とだやすみつ》の裏切りに遭《あ》い、竹千代はさらわれてしまった。

織田方に寝返っていた康光は、**竹千代を永楽銭千貫文《えいらくせんせんがんもん》（現在の貨幣価値に直すと約三億円）で織田信秀に売った**のだ（あとから考えると三億円は安すぎるっ!!）。

竹千代を強奪《ごうだつ》した信秀は、広忠に降参《こうさん》するよう働きかけたが、広忠は聞き入れなかった。こうなると人質としての価値はなくなった竹千代だが、信秀は竹千代を殺さず、菩提寺である萬松寺《ばんしょうじ》（現・名古屋市中区）に預けることにした。

この判断が、のちの歴史に大きな影響を与えることになる。

竹千代が織田家で過ごしたのは二年余にすぎないが、**信長と家康という二英傑が出会った可能性は高い**。竹千代が六歳、信長が十四歳の頃なので、一緒に遊ぶ兄弟のような関係だったと想像される。竹千代（家康）の一生の趣味となる鷹狩りなどは、信長から教わったに違いない。

その後、織田家と今川家との間で人質交換（今川側は織田と戦って捕虜《ほりょ》にした信広、織田側は今川の人質となるはずだった竹千代）が行われて、当初の予定通り竹千代は今川家に送られ、十年以上にわたって人質として過ごすことになる。

二人が再び出会うのは、「桶狭間の戦い」のあと、家康が今川家から独立してからのことだ。

ちなみに『信長公記』の最後は、（「本能寺の変」の報に接した）「徳川家康、堺《さかい》から退去」という記事で終わっている。信長の一代記なのに、家康の記事で終わっているのは、筆者の太田牛一が二人の間に並々ならぬつながりを感じていたからだろう。

2章

「桶狭間の戦い」で華麗すぎる戦国デビュー!!

……「伝説の奇策」で運命の歯車が動き出す!

今川義元、尾張へ進軍！「どうする信長!?」

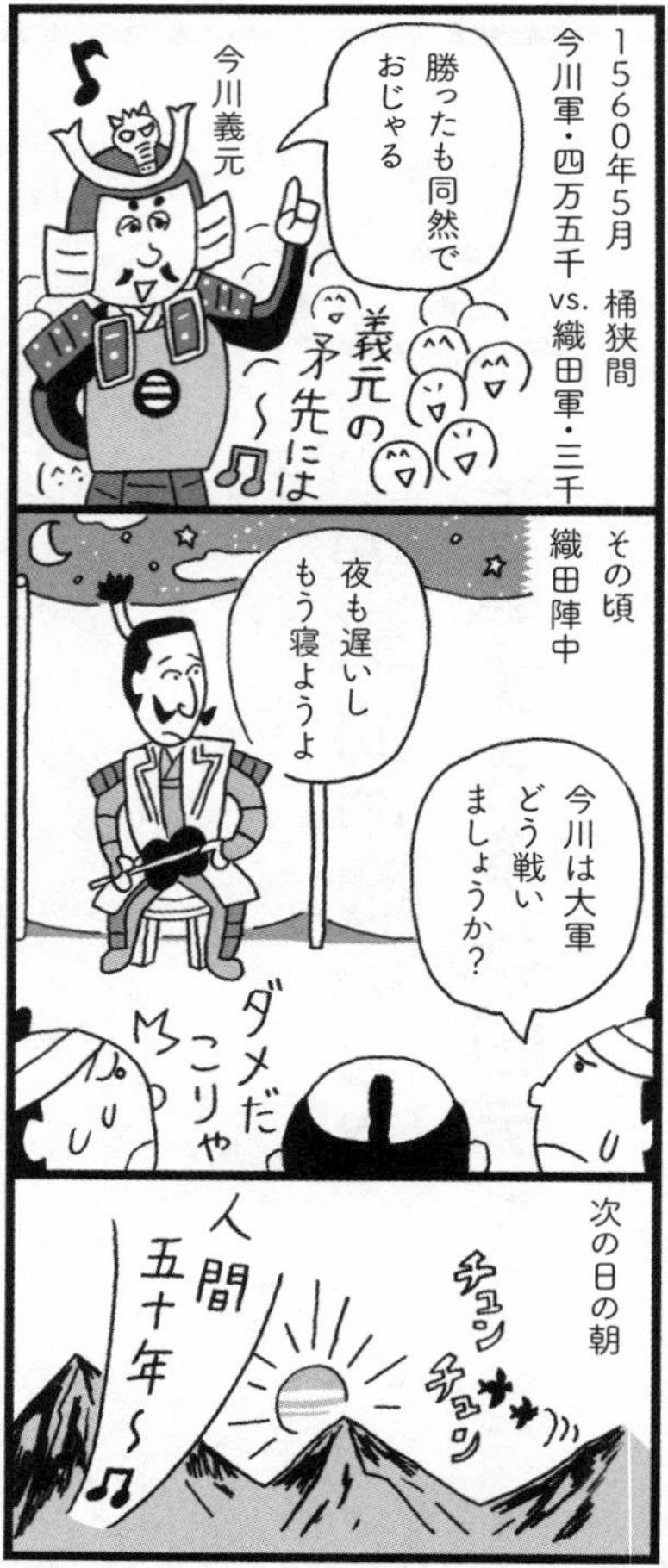

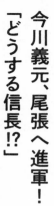

下天の内を～
クル
クル
死ぬ気になれば何でもできる!!
暴風雨の中進む信長軍
ザァ～
狙うは義元の首ひと一つ!!
ッ
イエーイ
まさかおじゃ～

信長は、父信秀《のぶひで》の時代から続いた今川《いまがわ》勢との対立に決着をつけなければならなかった。この頃、尾張《おわり》はほぼ平定されたが、今川義元《よしもと》との間で小競《こぜ》り合いは続いていた。

宿敵ともいえる義元は、三河《みかわ》の松平《まつだいら》氏を取り込み（家康《いえやす》は人質）、西の尾張へと勢力を拡大しようとしていた。西進《せいしん》するにあたって背後を襲われないようにするために、義元は東の北条《ほうじょう》氏と北の武田《たけだ》氏と友好関係を結んだ。

これは**「甲相駿《こうそうすん》三国同盟」**と呼ばれるもので、甲斐《かい》（現・山梨県）の武田信玄《しんげん》、相模《さがみ》（現・神奈川県〈北東部を除く〉）の北条氏康《うじやす》、駿河《するが》の今川義元の合意によって結ばれた。武田信玄は一五五三年から始まった越後《えちご》（現・新潟県〈佐渡を除く〉）の上杉謙信《うえすぎけんしん》との抗争「川中島《かわなかじま》の戦い」（140ページ参照）に手を焼いており、これに専念する必要があった。北条氏康は、関東のさまざまな勢力との戦いに備えて、武田氏や今川氏を味方にしておきたかった。**三者の利害は一致**していた。

この同盟は、お互いに裏切らないために、武田信玄、北条氏康、今川義元、それぞれの息子と娘との間で政略結婚をするという、いわば**「婚姻同盟」**として成立した。

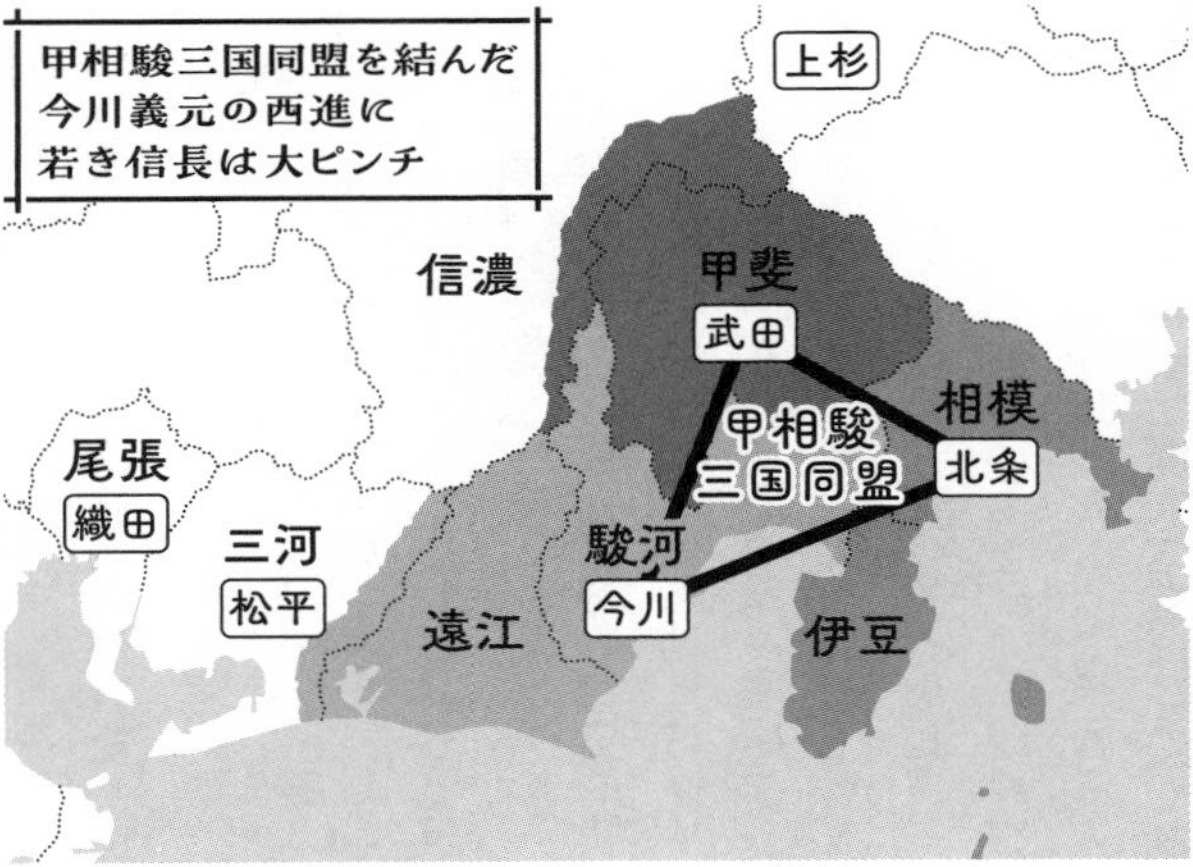

・今川義元の娘が武田信玄の息子と結婚
・武田信玄の娘が北条氏康の息子と結婚
・北条氏康の娘が今川義元の息子と結婚

なんともはや節操《せっそう》がない形での同盟だ（当然のごとく、この同盟は十年ほどしか持たなかった）。

回 若き信長、「東海の覇者」を前に孤立無援！

ともあれ、この時点で西へと勢力を拡大するチャンスを得た義元は、まだ二十代の若き信長が十分な力を付ける前に叩き潰《つぶ》しておきたかった。

一五六〇年、ついに義元が動いた。信長を倒して尾張を併合《へいごう》するために、西へと進軍を開始したのだ。

野戦《やせん》（陸上戦）の常識として、兵の数が多いほうが有利とされる。駿河・遠江《とおとうみ》（現・静岡県西部）・三河の三国に及ぶ「東海の覇者」**義元の軍勢は四万五千**（一説には二万五千）を誇った。それに対して**信長の軍勢はわずか三千**にすぎないのだから、義元が負けるはずはない。

若き信長はまさに孤立無援《こりつむえん》の絶望的状況に置かれていた。唯一の頼みだった舅の斎藤道三《さいとうどうさん》はすでに敗死し、誰も助けに来てくれない。秀吉《ひでよし》はまだペーペーで頭角を現していないし、のちに同盟を結ぶ家康にいたっては義元側の先陣を務めて大高城《おおだか》（現・名古屋市緑区）に兵糧《ひょうろう》を入れるという大手柄《おおてがら》を立て、大高城で休息していた。

もはや為《な》す術《すべ》なし。どうする信長!?

そして清洲《きよす》の信長のもとへ、「明日の朝には、今川軍が我が方の砦《とりで》を攻撃するのは確実」との報告が入った。ところがこの絶体絶命の状況において、**信長は家老衆との軍会議では、作戦に関する話は皆無で雑談しかしなかった**。「さあ、夜も更《ふ》けたから

帰って寝ろ、オレも眠い」と言われた織田の重臣たちは、

「運の尽きる時には、知恵の鏡も曇《くも》るというが、今がまさにその時だ」

と、嘆息《たんそく》しながら帰った。

しかし、信長には期するところがあった。

回「勝ち目ゼロ」からの限界突破！　覚悟の幸若舞

戦いの日の早朝、信長は幸若舞《こうわかまい》※『敦盛《あつもり》』をうたい舞った。

人間《じんかん》五十年、下天《げてん》の内をくらぶれば、夢幻《ゆめまぼろし》のごとくなり。一度生《ひとたびしょう》を得て、滅せぬ者のあるべきか。

訳 人の世の五十年間は、天界の時間と比べれば夢幻のように儚《はかな》いものだ。ひとたびこの世に生まれて、滅ばない者などいないはずだ。

この『敦盛』は、源平合戦の際の一ノ谷《いちのたに》の戦いで平家の若き公達《きんだち》敦盛を討ち取った熊谷次郎直実《くまがいじろうなおざね》が、この世の「無常」を感じて出家する際の心情をうたったもので、考えようによれば不吉な歌だ。しかし、信長は『敦盛』をうたい舞うことで、逆に**人に定められた運命を粛々《しゅくしゅく》と受け入れ、限りある生を限界まで生きることを覚悟した**……いや、限界も突破、サバイバーだ。「オレ様に不可能などない!!」。

その後、出陣の身支度《みじたく》を整えると、信長は重臣たちには何も言わず、小姓衆《こしょうしゅう》五騎を率いて出陣した。そして熱田《あつた》（現・名古屋市熱田区）までの三里（約十二キロメートル）を一気に駆《か》け、熱田神宮《じんぐう》に立ち寄って戦勝祈願を行った。その後、部下が陣を張る二つの砦に行って将兵を集結させたが、それでも信長の勝利の確率はゼロに等しかった。

一方の義元は四万五千の兵を率い、桶狭間山《おけはざまやま》（現・愛知県豊明《とよあけ》市～名古屋市緑区）で人馬に休息を与えていた（のんびりしたものじゃ）。義元としては「大軍を見せつければ信長は降伏するだろう」と思っていたが、意外にも信長は抵抗してきた。**「織田の小倅《こせがれ》は聞きしに勝る『うつけ者』でおじゃるな」と、破顔一笑《はがんいっしょう》**した。

義元は貴族文化に憧《あこが》れていたので、口には鉄漿《おはぐろ》、顔には置眉《おきまゆ》を施《ほどこ》し、薄化粧をしていた。義元は鷲津《わしづ》・丸根《まるね》（現・名古屋市緑区）の両砦の陥落を聞いて機嫌をよくし、

「義元の矛先《ほこさき》には天魔・鬼人も敵《かな》うものか。よい心持でおじゃる」

と言って陣中で悠々《ゆうゆう》と謡《うたい》を三番うたった。信長のうたい舞った『敦盛』の決死の覚悟に対して、義元の謡には驕《おご》りが感じられるのは気のせいだろうか。

※「幸若舞」……室町時代に流行した「曲舞《くせまい》」の一種。簡単な舞を伴う語り物。

回「忍びの者」を放って義元の動きを克明にキャッチ！

実は信長には秘策があった。子供の頃から野山を駆け巡っていた信長は地の利を生かし、機先《きせん》を制すれば勝てるという確信があった。また、**忍《しの》びの者を放ち、義元の動きを克明《こくめい》に摑んでいた。**

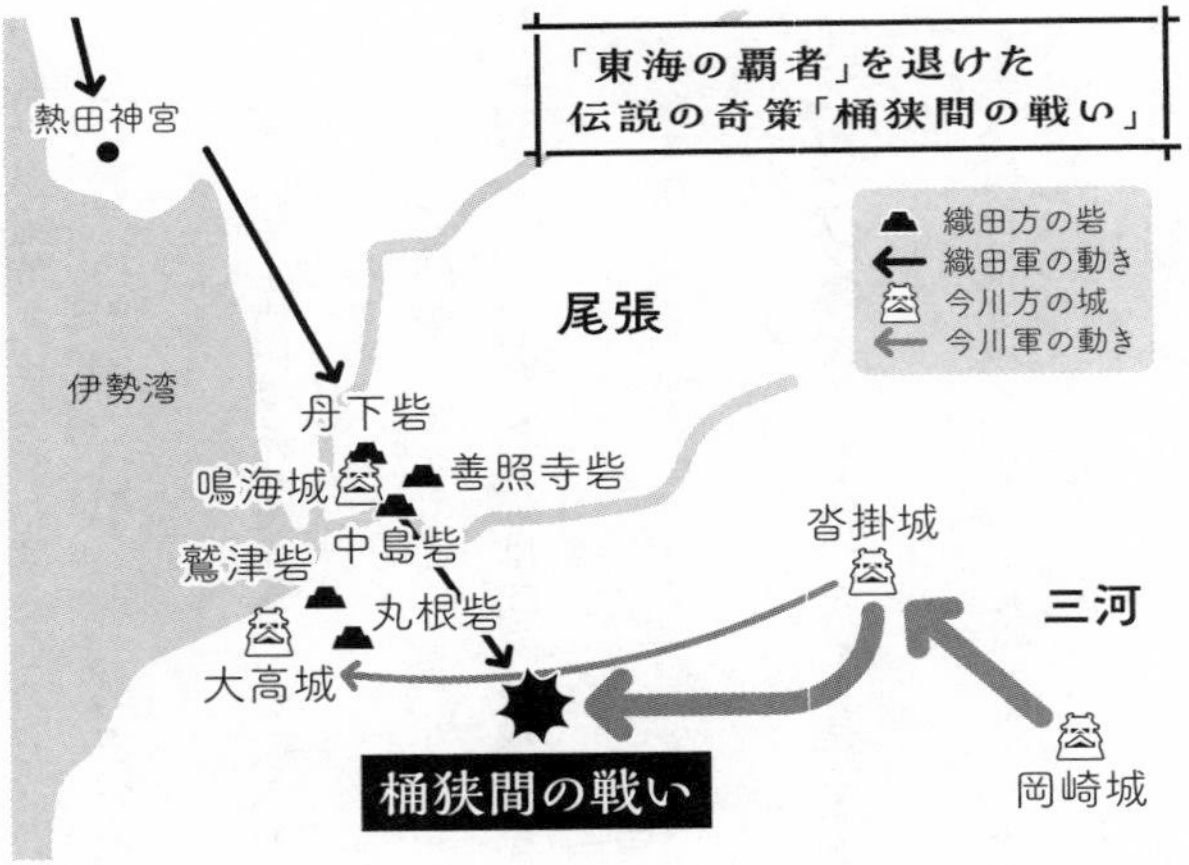

いくら大軍とはいっても行軍する時は縦に伸びる「線」となる。さらに義元の本陣は「点」にすぎない。そこさえ叩いてしまえば勝てる……**信長の目的は敵の総大将義元の首ただ一つ**だった。

信長は戦況を見て、二千ほどの精鋭を移動させ、鼓舞《こぶ》した。

「皆の者、よく聞け。今川の兵は激戦ののちに夜通し行軍し、疲れ切っている。こちらは新手《あらて》の兵だ。我が軍は小勢《こぜい》だが大軍の敵を恐れるな。『**勝敗の運は天にあり！**』。なんとしても敵を倒す!! 合戦に勝ちさえすれば、参戦した者は家の名誉、末代までの高名《こうみょう》となるぞ。ひたすら励め〜!!」

一五六〇年五月十九日午後、激しい俄雨《にわかあめ》

が石か氷を投げつけるかのように降りだした。楠《くすのき》の巨樹が雷に打たれて倒れた……桶狭間が暴風雨に見舞われたのだ。

「この合戦は熱田大明神《だいみょうじん》のご加護による戦いだ」と皆が口にしたという。視界を遮《さえぎ》る暴風雨の中、密《ひそ》かに兵を桶狭間へと進めた信長は、空が晴れたのを見て、槍を手に大《だい》音声《おんじょう》で号令を下した。

「それ、かかれ、かかれ、かかれぇーーー!!」

回 いざ桶狭間!「狙うは大将首のみ」

信長の選んだ作戦は乾坤一擲《けんこんいってき》、義元を討ち取ることにすべてを賭《か》けるのみ。前夜の軍議会でその作戦を明かさなかったのは、内通者がいることを恐れたからだった。二千の精鋭部隊は、一点にすべてを賭けて正面から敵軍に突撃していった。

黒煙《こくえん》を上げて打ちかかる信長勢を見た今川勢は、驚いて水を撒《ま》くようにどっと後ろへ崩れた。弓・槍・鉄砲・幟《のぼり》・旗指物《はたさしもの》、義元の朱塗りの輿《こし》さえ打ち捨て、算《さん》を乱して逃げた。

「義元の旗本はあれだ、あそこにかかれー!!」

と、信長の下知《げぢ》が飛ぶ。信長勢は義元をめがけて攻めかかる。エリート親衛隊である馬廻衆《うままわりしゅう》※が義元を囲んでいたが、攻める信長軍二千に対して馬廻衆は三百。そして、ついには五十騎ばかりになり、攻守所を変えていた。**信長も下馬《げば》し、火花を散らす乱戦に自ら加わった。**敵味方の区別は旗指物の色で知れた。

互いに負傷、討ち死にした者は数知れない状況の中、ついに**毛利良勝《もうりよしかつ》が義元を斬り伏せ、首を取った。**大将を失った今川勢は烏合《うごう》の衆《しゅう》と化し、蜘蛛《くも》の子を散らすように逃げ去っていった（このあたりの牛一《ぎゅういち》の筆は抜群に冴えている）。

今川勢の運は尽きた。桶狭間は狭く入り組んだ窪地《くぼち》で逃げづらく、そのうえ深田に足を取られて抜け出せずに這《は》いずり回っているのを、織田勢が追いかけて討ちかかり、首を取った。戦いはおよそ二時間で終わった。

信長は義元の首をその場で確認して満足すると、馬の先に義元の首を掲《かか》げさせ、清洲城へと帰還した。翌日に首実検《くびじつけん》をすると、その数は実に三千余にのぼったという。

義元を討ち取った際に**義元が差していた秘蔵の名刀「左文字《さもんじ》」を召し上げ、愛刀とした**信長は、「金象嵌《きんぞうがん》」（彫刻した溝に純金を埋め込む技法）で、表に「永禄《えいろく》三年五月十九日義元《よしもと》討捕《うちとらえる》刻《とき》彼《ひの》所持《しょじの》刀《かたな》」、裏に「織田尾張守《おわりのかみ》信長」と刻印し、のちに「本能寺《ほんのうじ》の変」で明智《あけち》光秀《みつひで》に討ち取られた時も身に帯びていたという。

信長は、清洲から熱田へ通じる街道筋に「義元塚」を築いた。また、供養《くよう》のために千部経《せんぶきょう》を読経《どきょう》させ、大きな卒塔婆《そとば》を立てさせた。それは、「海道一の弓取り」の異名をとった「大大名」今川義元に対しての敬意の表れであると同時に、父がなし得なかった今川家との戦いを制した記念でもあった。

※「馬廻衆」……戦時においては本陣を守備したり、主君の乗る馬の身辺で警護したりする騎馬武者。平時は政務などを担当した。

「戦乱の世にピリオドを打つのはオレだ！」

「桶狭間の戦い」は、信長が天下人《てんかびと》へと駆け上がるきっかけとなったエポックメーキングな戦いだった。義元は優れた武将だったが、大軍であることの油断があり、また四万五千の兵も寄せ集めの烏合の衆であることが露呈した。

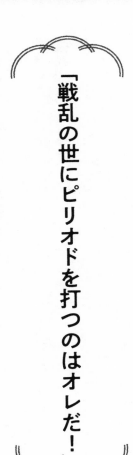

一方の信長は、戦いのプロ集団を築きつつあった。従来、地侍《じざむらい》は農繁期《のうはんき》には農作業に従事せざるを得ず、戦には参加できなかった。しかし、農閑期《のうかんき》にしか合戦ができないのでは、天下統一がいつになるやらわからない。そこで信長は**「兵農分離《へいのうぶんり》」を図って専業武士による強力な「織田軍団」を組織した**のだ。

十四歳の時、吉良大浜《きらおおはま》の戦い（現・愛知県西尾市、碧南市《へきなんし》）で初陣《ういじん》を飾った信長は、

ここまでの戦いで十勝二敗一分。敗れた二つの戦いは、いずれも今川支配下の三河勢との戦いであり、そのうち一つは松平元康《もとやす》（徳川《とくがわ》家康）が率いていた。

その元康（当時は今川方）は、桶狭間で義元が討ち取られたと聞き、慌《あわ》てて自分が生まれた岡崎城《おかざき》（現・愛知県岡崎市）に戻ってみた。すると、陣取っていた今川勢が退散していたので、「捨て城ならば拾《ひろ》はん」と言って岡崎入城に踏み切った。ここに十数年間に及ぶ元康の長い人質生活は終わりを告げた。

その後、元康は、義元の敵《かたき》を討つべきだと息子の今川氏真《うじざね》に促《うなが》したが、氏真はボンボンなうえに暗愚《あんぐ》で酒色《しゅしょく》に耽《ふけ》り、やる気などない。その様子を見た元康は、今川家の滅亡は近いと見て氏真を見限った。元康は義元から与えられた「元」の字を捨てて「家康」と名を改め、さらに三河を統一すると、姓を「松平」から「徳川」に改めた。

回 戦国時代最長の「清洲同盟」で家康とタッグ

そして家康は、**昇る朝日の勢いのごとき信長と力を合わせて天下を統一することを決意し、**同盟を結ぶことにした。信長も三河を平定した家康の実力を高く評価し、同盟の要請に応じた。幼い頃に出会っていた（50～51ページ参照）こともプラスに作用したのだろう。

一五六二年、清洲城で**信長と家康は「清洲同盟」を結び**、その後、信長の娘徳姫《とくひめ》（五徳《ごとく》）と家康の嫡男信康《のぶやす》が婚約することになった。家康が人質となって織田家で過ごしていた時から十数年が経っていた。

ここに、信長と家康という二人の天才が結び付いた。あとは秀吉《ひでよし》が加われば「戦国三英傑」揃《そろ》い踏みだ。

なお、今川家は衰退の一途をたどり、三国同盟を破棄した信玄によって攻め込まれるなど、氏真は泣きっ面に蜂《はち》状態となる。命は助かったものの氏真はすべての領地を失い、**戦国大名としての今川家の命脈は尽きてしまった。**

その後は大名でも武将でもなく、「居候の達人《いそうろう》」となった氏真は、妻の実家を頼ったのち、かつては人質にしていた家康のもとで世話になる日々を送った。完全に主従関係が逆転……（プライドはないのか!!　と氏真が揶揄《やゆ》されるのはこのあたりが理由じゃ）。

一五七五年、氏真は旧知の公家《くげ》を訪問するため京に滞在中、父の敵である信長との邂逅《かいこう》を果たす。『信長公記』によれば、氏真のほうから信長を訪ねている。氏真は憎いはずの信長に茶道具の名器を献上し、**信長は蹴鞠《けまり》が得意な氏真のために蹴鞠の会を開いた。**氏真は蹴鞠の妙技《みょうぎ》を披露《ひろう》し、信長を感嘆させている。「桶狭間の戦い」から十五年が経っていた。氏真は何を思いながら鞠を蹴ったのだろうか。

大坂《おおさか》夏の陣《じん》で豊臣《とよとみ》家が滅びる約五カ月前に、氏真は七十七歳で没した。辞世《じせい》は、

なかなかに　世をも人をも　恨むまじ　時にあはぬを　身の咎《とが》にして

訳 中途半端に世も人も恨みはすまい。時代に合わなかったのは私の罪なのだから。

たったの五百石にまで激減したものの、子孫は徳川家に仕え、その家名を明治の世まで伝えた（これも一つの生き方じゃろうて）。

回 斎藤氏の稲葉山城を奪取して「岐阜城」に改名！

信長は道三の娘濃姫《のうひめ》を妻に迎え、美濃《みの》の斎藤氏とは同盟関係にあったが、一五五六

年に道三が嫡男の義龍《よしたつ》との抗争で敗死すると状況は一変した。

信長の異母兄信広《のぶひろ》が義龍と共謀して清洲城の乗っ取りを企《くわだ》てたのだ（44ページ参照）。それは失敗に終わったが、信長にとって、もはや斎藤氏は敵だ。

その後、義龍が病死したのをチャンスと見た信長は、美濃侵攻作戦を開始する。しかし、義龍亡きあと家督を継いでいた龍興《たつおき》の前に何度も敗れた信長は、本拠地を清洲城から美濃に近い小牧山城《こまきやま》（現・愛知県小牧市）へと移し、対斎藤戦に向けて不退転《ふたいてん》の覚悟で臨んだ。

斎藤勢は交通・戦略上の要地である墨俣《すのまた》（現・岐阜県大垣市）に兵を配し、織田軍を迎え討った。この時、織田方は柴田《しばた》勝家《かついえ》や丹羽《にわ》長秀《ながひで》などの宿老が奮戦するも、斎藤勢の善戦に遭って攻めあぐねた。

戦線が膠着《こうちゃく》する中、まだ無名だった**木下藤吉郎《きのしたとうきちろう》（のちの豊臣秀吉。以下「秀吉」）が「一夜にて城を築いて見せましょう」と豪語**し、本当に一夜にして城を築いてしまった。この城を足掛かりとして織田軍は勝利し、龍興は敗走した。信長はついに美濃を手に入れたのだ。

秀吉の立志伝に欠かせない、この「墨俣一夜城《いちやじょう》」は『絵本太閤記《たいこうき》』などに見られるものだが、『信長公記』には載っていないので、ちょっと眉唾《まゆつば》ものだ。ただ、三人の個性的な天才武将がここで揃い踏みしたことは間違いない。

一五六七年、信長は龍興から稲葉《いなば》山《やま》城を奪った。そして地名の井口《いのくち》を「岐阜《ぎふ》」と改名し、**稲葉山城改め岐阜城を居城**とした。信長の命名した「岐阜」というのは、古代中国、周《しゅう》の文王《ぶんおう》が「岐山《きざん》」という山から天下統一を始めた故事と、孔子《こうし》の生誕地の曲阜《きょくふ》に倣《なら》ったものだ。

「百年以上続いた戦乱の世に、オレがピリオドを打つ!!」

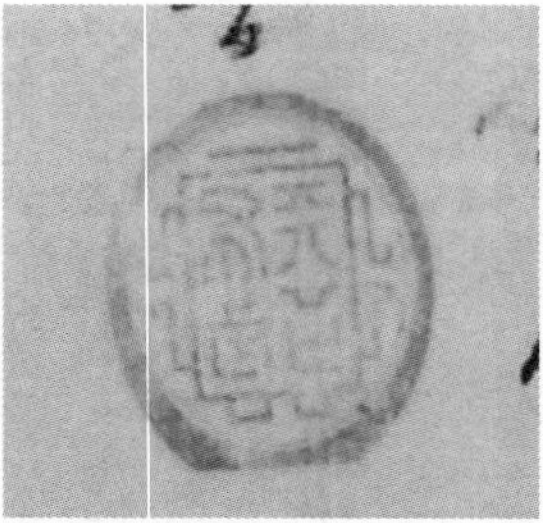

信長が使用した
天下布武の朱印

本格的に天下統一を目指すための印として**「天下布武《てんかふぶ》」の朱印**を用いるようになったのもこの時からだ。信長三十四歳。尾張の風雲児《ふううんじ》には、もはや「うつけ」の面影《おもかげ》はまったくない。

足利義昭と信長——「天下」を巡る二人の関係

「海道一の弓取り」の異名をとった今川義元を「桶狭間の戦い」で討ち取って大金星を挙げ、道三の孫にあたる龍興から美濃を奪取した信長は、「天下布武」を掲げていよいよ天下取りに乗り出す。その第一歩として信長が取った作戦は、**足利義昭《あしかがよしあき》を奉じて上洛《じょうらく》**だった。

ここで足利義昭について、少し触れておこう。

義昭は第十二代将軍足利義晴《よしはる》の次男だったので、跡目《あとめ》争いを避けるため仏門に入って覚慶《かくけい》と名乗り、ゆくゆくは奈良興福寺《こうふくじ》の別当《べっとう》になる予定だった。ところが、第十三代将軍になった兄義輝《よしてる》が三好三人衆《みよしさんにんしゅう》※に殺害されると、覚慶は興福寺に幽閉《ゆうへい》されてしまった。この時代、**室町《むろまち》幕府の力は衰えていて、将軍が殺されるという事態まで招く始末**だった。

興福寺に幽閉されていた覚慶は、兄の遺臣《いしん》たちの助けを借りて興福寺から脱出すると、還俗《げんぞく》して「義秋《よしあき》」、のち「義昭」と改名し、足利将軍家の当主になることを宣言する御内書《ごないしょ》（室町幕府の将軍家が発給した文書。普通の書状のような様式だが、公的な意義を持つようになった）を各地の大名らに送った。

義昭は、まず近江《おうみ》（現・滋賀県）の六角義賢《ろっかくよしかた》を頼ったが追い出されてしまった。次に越前《えちぜん》（現・福井県東北部）の朝倉義景《あさくらよしかげ》を頼ったが、朝倉氏も義昭を支援しようとはしなかった。

「あれほど将軍家に世話になっておきながら、落ちぶれたとたんにこの扱い……この恨み、晴らさでおくべきか～!!」とは思うものの、義昭にはどうすることもできない。そこで最後に頼ったのが「うつけ」との悪評が高い信長だった。しかし、信長ははや「うつけ」ではなかった。「待ってました!!」とばかり、義昭の頼みを即断即決で引き受けた。

義昭を将軍に就《つ》けて恩を売り、将軍の権威を借りて全国に号令をかける。そして、いずれは室町幕府を倒して自分が天下人になる……これが信長の描いた青写真だった。

※「三好三人衆」……戦国大名三好長慶《ながよし》の死後にその政権を支えて活動した三人（三好長逸《ながゆき》・三好宗渭《そうい》・岩成友通《いわなりともみち》）を指す。長慶は室町幕府の将軍を次々に放逐《ほうちく》して畿内《きない》を掌握《しょうあく》した。そして長慶亡きあとを引き継いだのが「三好三人衆」だった。

回 義昭を奉じる信長、「三好三人衆」を蹴散らす！

「近江を一気に征伐《せいばつ》しまして、お迎えいたしましょう」

信長は、義昭にこう言って軍勢を率いて近江へ向かった。義昭を奉じて上洛する信長に抵抗したのは、予想通り近江の六角氏だった。そこで信長は北近江を治める**浅井《あざい》長政《ながまさ》を味方に引き入れて戦いを有利に進めるため、妹お市《いち》の方《かた》を長政に娶らせて姻戚《いんせき》関係を結んだ。**お市の方は戦国一の美人、かつ聡明な女性だったと伝えられる。

戦国一の美人
信長の妹お市の方

この政略結婚が功《こう》を奏《そう》して、長政の援軍を得た信長は近江侵攻に成功し、六角氏を破った。また**三好三人衆は、義昭を奉じて上洛する信長の力に抵抗しきれず相次いで敗退**し、その勢力は衰えた。信長の上洛までは三好三人衆に従っていた畿内周辺の中小勢力は、草木が風になびくように信長に従うことを誓った。

長慶亡きあと三好家を継いでいた長慶の甥《おい》の義継《よしつぐ》も信長に協力したが、のちに重臣の松永久秀《まつながひさひで》（178ページ参照）と謀って信長に反旗を翻した。しかし謀反は失敗。信長軍に攻められ、腹を十文字に切って果てた。義継の死により三好家の嫡流は断絶した。信長は上洛と並行して伊勢《いせ》（現・三重県の東部）へも進行し、北畠《きたばたけ》氏を屈服させた。こうした戦いの中で、家臣の**秀吉が着々と手柄を挙げていた。また、そのライバルとして明智光秀も頭角を現していた。**

信長が畿内を平定すると、一五六八年、信長に奉じられて上洛した義昭が第十五代将軍に就任した。義昭は信長を最大の功労者として「武勇天下第二」と称え、「室町《むろまち》殿御父《どのおんちち》」の称号を与えた。そして感状（武将が戦功のあった者に与える賞状）を贈った。

貴殿《きでん》は、国々の賊徒《ぞくと》を短期間のうちにことごとく征伐して天下第一の武勇を示しました。将軍家が再興できたのも貴殿のお陰です。これからもお頼みいたします。

天下の将軍なのに、ここまでへりくだるとは……さらに義昭は、信長を副将軍に就けようとしたが信長は断っている。**信長としては滅びゆく幕府での地位など、どうで**

もよかった。将軍からの感状も意味などない。古い権力構造をどう壊して天下人になるかのほうが大切だったが、そんな信長の思惑など義昭は知る由《よし》もなかった。

一方、京の人々は、信長がかつての木曾義仲《きそよしなか》のように乱暴狼藉《ろうぜき》を働くのではないかと恐れた（さすが都人《みやこびと》じゃ。四百年前のことを昨日のことにように覚えているとは）。しかし、信長は部下たちに軍律を厳格に守らせて、京の人々の不安を一掃した。

それどころか、茶の湯や連歌《れんが》などの文化的な教養を具《そな》えていることを見せつけて、公家たちを驚かせた信長だった。

回 天下統一のためなら「将軍御所」もプレゼント

翌一五六九年、信長が主力軍を率いて美濃に帰還した隙を突いて、**三好三人衆と斎藤龍興らが義昭の仮御所《ごしょ》である六条《ろくじょう》の本圀寺《ほんこくじ》を攻撃**した（本圀寺の変〈六条合戦〉）。京に残っていた信長の家臣らが奮戦してこれを撃退し、また信長も大雪の中をわずか二日で援軍に駆けつけて事なきを得た。

これを機に、信長は義昭のために二条の旧邸を改築し、堅固な新御所を建てることを決めた。解体寸前だった室町幕府を象徴するかのように旧邸はボロボロだったのだ。

信長は十四カ国の諸大名に命じ、約四百メートル四方の敷地に二重の堀や三重の「天守《てんしゅ》」を備える城郭造《じょうかくづくり》に改築させた（ちなみに、徳川家康が京都の守護および上洛時の宿所として造営した、現存する「二条城」とは別物）。

信長は、新御所の格式を高めるために京の内外から名木《めいぼく》を集め、金銀を飾り、庭には池、流水、築山《つきやま》を造った。信長自らが指揮して名石《めいせき》を運び入れるという力の入れようだった。

将軍御所の威容は素晴らしく、それを見た**義昭は、念願だった室町幕府の再興が叶ったと喜んで信長に感謝**した。

信長にしてみれば、この程度のことはお安い御用だった。将軍足利義昭の権威を高めれば高めるほど、信長の仕事はやりやすくなるというもの……うはは。

名《な》より実《じつ》を取った信長のもとには金銀が集まってきた。そこで中国からの渡来品（唐物《からもの》）や天下の名品の蒐集《しゅうしゅう》に興《きょう》じた。**天下の名品だと聞くと、「それちょうだい、お金は払うから」と金に糸目《いとめ》は付けず蒐集した**（信長の意向に逆らえず泣く泣く手放した人、多数）。信長は自らを欲望の魔王、**「第六天魔王」**と名乗っていた……うははは。

コラム

「堺の豪商」と信長の結び付き

義昭を奉じて上洛を果たした信長は、その報奨として**近江の大津《おおつ》（現・滋賀県大津市）・草津《くさつ》（現・滋賀県草津市）、摂津《せっつ》（現・大阪府北中部、兵庫県南東部）の堺《さかい》（現・大阪府堺市）を直轄地《ちょっかつち》とする許可を得た。**中でも堺は「天下布武」には絶対に欠かせない都市だった。当時の堺は「日本中の金銀の大半が集まる」と、イエズス会宣教師のフランシスコ・ザビエルが記しているように、経済的に繁栄した都市で、豪商が多数居住していた。

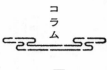

そこで信長は、側近で右筆《ゆうひつ》（文書・記録の作成などをする秘書）の**松井友閑《まついゆうかん》**を堺の代官として派遣した。友閑は堺の商人たちと交流するとともに、信長に代わって金に糸目をつけずに「名物」と呼ばれる優れた茶道具を蒐集した。

「本圀寺の変」（78ページ参照）の折、堺の商人たちが信長と義昭を裏切って三好三人衆を援助したことを知って怒った信長は、「矢銭《やせん》」と呼ばれる臨時軍用金を二万貫《がん》出せと命じた。

当時、一貫あれば三百キログラムのお米が購入できたので、現在のお金に直すと一貫は約十万円、二万貫は二十億円ということになる（あくまで概算じゃ）。いずれにせよ、なかなかの大金だ。当然、堺の会合衆《えごうしゅう》※たちは猛烈に反発した。

それに対して信長は、「軍を派遣して堺の町を火の海にして灰燼《かいじん》に帰《き》すぞ」と恫喝《どうかつ》した。その時、堺の商人で**今井宗久《いまいそうきゅう》**という人物が間に入って会合衆たちを説得し、二万貫を献上させ、また信長を二度と裏切らないよう誓いを立てさせた。

宗久は早い段階から信長の実力を認めて近づいていた人物で、上洛早々の信長に大名物《おおめいぶつ》※の茶壺「松島」などを贈って気に入られると、堺の会合衆たちをまとめた手腕《しゅわん》を買われて信長に取り立てられ、塩の徴収権や淀川《よどがわ》の通行権を得た。また、生野《いくの》銀山（現・兵庫県朝来市《あさごし》）の経営に参画したり、鉄砲や火薬の製造に携わったりして、**信長からさまざまな特権を得て財を成した**。宗久は武野紹鷗《たけのじょうおう》（堺の豪商で茶人）の女《じょ》婿《せい》で、同じ堺の商人の津田宗及《つだそうぎゅう》と千利休《せんのりきゅう》を信長に推薦した。宗久・宗及・利休の三人**は茶の湯の「天下三宗匠《てんかさんそうしょう》」**と呼ばれ、信長、のちに秀吉に仕えることになる。

信長は堺の豪商たちとの強い結び付きのもとで、全国的な商圏《しょうけん》と大陸貿易の利権を手中に収め、莫大《ばくだい》な富を得、また鉄砲調達力を飛躍的に高めることができた。こうしたことは、信長が「天下布武」を成し遂げる大きな原動力になった。

※「会合衆」（「かいごうしゅう」とも）……都市で自治の指導的役割を果たした評定《ひょうじょう》組織、またはその組織の構成員たる上級町人。

※「大名物」……選定された由緒ある優れた茶道具を「名物」と呼び、その中でも千利休以前に選定されたものを「大名物」と呼ぶ。

許すまじ！　義弟・浅井長政の裏切り

義昭を将軍に就けたあと、**信長がまず思い立ったのは、目の上のたん瘤《こぶ》のような存在である越前の朝倉義景を滅ぼすこと**だった。

一五七〇年四月、信長は義景に対して、新将軍へ挨拶《あいさつ》するよう上洛を命じた。しかし、義景はこれを拒否。義景としては自分より家格の低い信長の命令など聞く気はなかった。が、これは信長としては好都合。予想通り義景が上洛を拒んでくれたので、朝倉氏を滅ぼす大義名分を得て大喜び。自ら軍勢を率いて越前へと遠征した。

しかし、この戦いは一筋縄ではいかなかった。

信長は、越前西部の要衝《ようしょう》に位置する金崎《かねがさき》城（現・福井県敦賀《つるが》市）に総攻撃を加えて降伏させた。ところがそこへ、**義弟の浅井長政が信長を裏切って朝倉氏に加勢し、織田軍を背後から襲おうとしているという知らせ**が入る。

信長は信じられなかった。長政には妹のお市の方を嫁がせていたし（超美人だし、三人も子供を作ったじゃないか!!）、長政の「長」というのも「信長」から一字取ったし（尊敬してくれていたんじゃないのか!?）、「ウソだ誤報だ、絶対何かの間違いに違いない!!」と信長は思った。

ところが、そこにお市の方から、両端が紐でくくられている「**袋に入った小豆《あずき》**」が届いた。それを見た信長は、自分も袋の中の小豆同様、両側からくくられる、つまり朝倉と浅井の挟《はさ》み撃ちに遭うことを、お市の方が知らせてきたのだと確信した。

「是非《ぜひ》に及ばず」

のちに「本能寺の変」で明智光秀が謀反を起こしたことを知った信長が発した有名な言葉だが、**実は最初に発したのは、長政の裏切りを知ったこの時**だった。「是非に及ばず」（＝考えるまでもない）、躊躇《ちゅうちょ》せずすぐさま撤退だ。信長はわずかな兵を引き

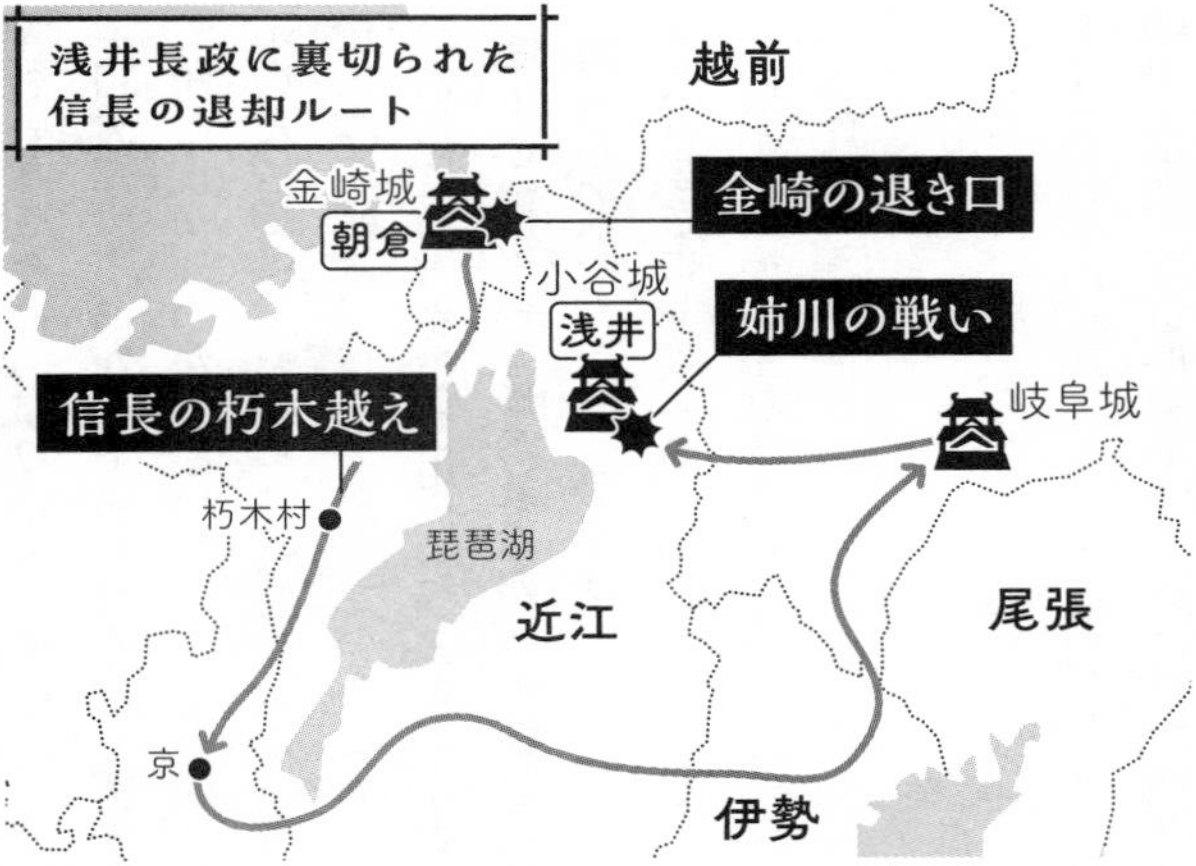

連れ、朽木《くつき》村（現・滋賀県高島市）を通って京へと撤収した（**信長の朽木越え**）。

実は信長は勝てないと見ると、見栄《みえ》も外《がい》聞《ぶん》も捨てて一目散《いちもくさん》に逃げるタイプだ。信長は明敏《めいびん》で果断《かだん》な面と、小心で臆病な面とを併《あわ》せ持っていた。

回 「命からがら京に退却」からの姉川の戦い

殿《しんがり》を務めたのは、池田勝正《いけだかつまさ》と明智光秀、そして秀吉だった。秀吉は金崎城に残って追撃してくる朝倉勢を迎え撃ち、壮絶な戦いをした。「**金崎の退《の》き口《くち》**」と称されるこの戦いで男を上げた秀吉だったが、殿に光秀もいたことはあまり知られていない。「自分だって命がけで戦ったのに、秀吉だけが目立っている、許せん」と光秀が思ったかどうかはわからないが、二人の熾烈《しれつ》なライバル争いはすでに始まっていた。勝正にいたっては、一番多く兵を失ったにもかかわらず手柄を秀吉にかっさらわれ、その後失脚の憂《う》き目にまで遭っている（秀吉の処世術の上手さはこれに限らないが……）。

信長は秀吉を重く用いた。それを妬《ねた》む家臣が秀吉のことを悪く言うと、信長は、**「嗜《たしな》みの武辺《ぶへん》は、生まれながらの武辺に勝れり」**と答えたという（『名将言行録』）。「努力して武士になった者は、生まれつき武士である者に勝っている」という意味だ。秀吉はまさに「嗜みの武辺」の典型だった。

徹底した能力主義で人材を登用したからこそ、信長は戦国時代の覇者になれたというべきだろう。

ともかく、脱兎《だつと》のごとき速さで京都へと退却した信長は、可愛さ余って憎さ百倍、**「長政憎し」**の怒りを抱き、態勢を立て直すと長政の本拠地である小谷《おだに》城へと迫り、姉川《あねがわ》（現・滋賀県長浜市）の河畔《かはん》で浅井・朝倉連合軍と戦うことになった（**姉川の戦**

い)。

織田・徳川連合軍……織田軍二万、徳川軍五千
VS.
浅井・朝倉連合軍……浅井軍五千、朝倉軍八千

総勢約四万もの軍勢が対決した、戦国最大級の野戦の開始だ。

清州同盟を結んでいた家康の援軍もあり、トータルでの兵力は織田・徳川連合軍に分があった。ところが、信長を裏切った浅井軍は死に物狂いで戦い、さらに朝倉軍も強く、序盤戦は五分以上に奮戦した。しかし、家康の側面攻撃なども奏功して次第に劣勢に立たされた浅井・朝倉軍は、小谷城へと敗走した。

ただ、これで浅井・朝倉氏が滅んだわけではなかった。信長が小谷城を攻略し、長政を討ち取るには三年半の歳月を要することになる。「ふ～っ、敵もさるものじゃ」(信長のため息)。

激戦に次ぐ激戦！「信長包囲網」に苦しみ抜く

浅井に朝倉…
石山本願寺の顕如…
どいつもこいつも
オレに楯突く
ヤツばかり
ムカ
ムカ
ムカ
クソ坊主どもも
許しがたい
比叡山は焼き討ちじゃ〜
ギャー
ワー
ワガママ将軍
義昭も京から
追放!!
京
天下布武
ポリ
ポリ
はぁ〜〜〜
天下布武も
ラクじゃないなぁ

この時期の信長は、浅井・朝倉氏との戦いだけをしているわけではなかった。粘る三好三人衆と六角氏、一向一揆《いっこういっき》を煽《あお》る石山本願寺《いしやまほんがんじ》の顕如《けんにょ》と比叡山延暦寺《ひえいざんえんりゃくじ》という宗教勢、さらには武田信玄まで加わり、さしずめ**「信長包囲網《ほういもう》」**が敷《し》かれていた。

一五七〇年四月の朝倉軍との戦いに始まり、六月の姉川の戦いを経て一五七二年十二月の武田軍との三方ヶ原《みかたがはら》の戦いまでの信長の戦いは**四勝四敗四分**。その後の戦いでは八割近い勝率を誇る信長が、最も苦戦した時期といえる。

数え三十七～三十九歳、男の厄年四十二歳（大厄《たいやく》）にはまだ早いが、「天下布武」を掲げる**信長はこの時期、激戦に次ぐ激戦に明け暮れていた。**

『信長公記』の記す戦いを列挙してみよう。

・**「野田《のだ》城・福島《ふくしま》城の戦い（第一次石山合戦）」**……引き分け

信長は石山本願寺が出城《でじろ》として築いた摂津中島にある野田城・福島城（現・大阪市福島区）への攻撃を開始した。そこには巻き返しを図る三好三人衆と一向一揆衆が籠《こ》もっていた。両軍は激しい銃撃戦を展開し、敵味方の砲音《つつおと》で日夜天地も轟《とどろ》くばかりだったが、織田軍は攻略できずに撤退した。

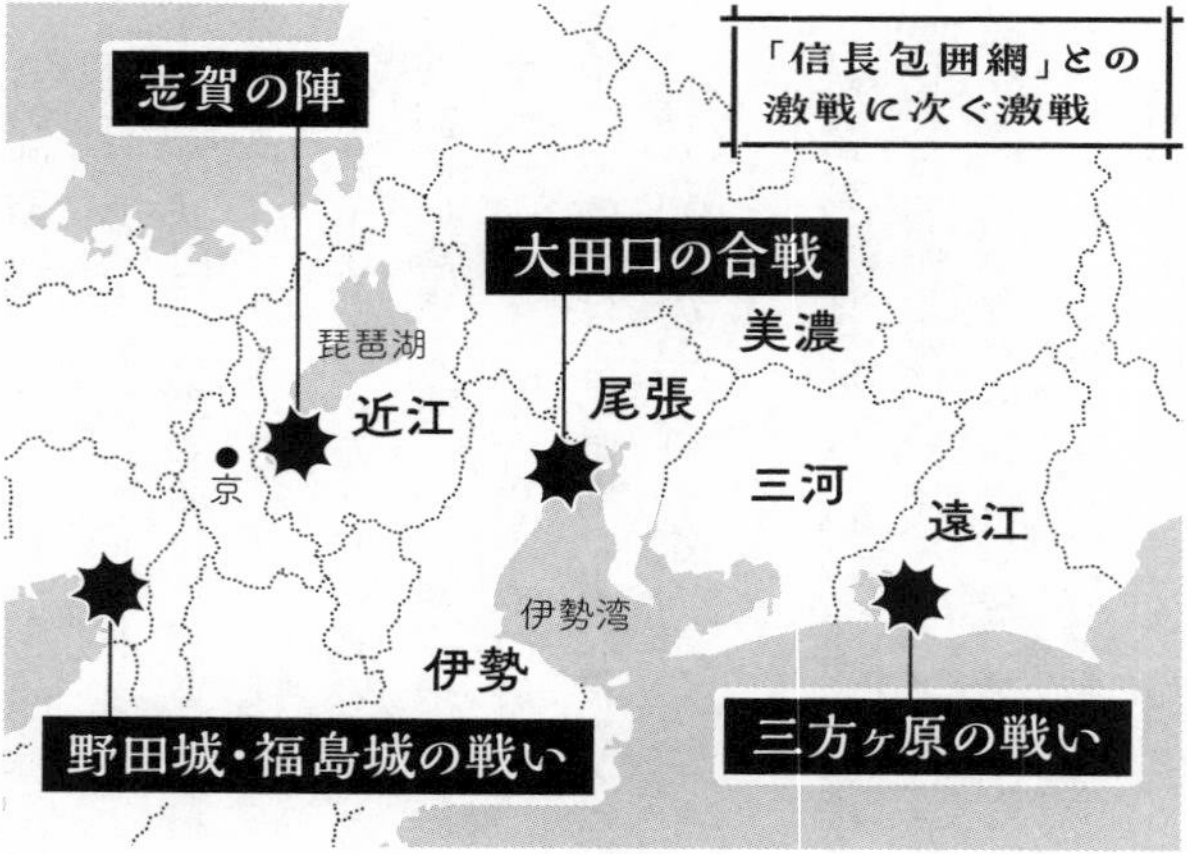

その後、石山本願寺とは和睦した。

・「**志賀《しが》の陣**（**坂本対陣《さかもとたいじん》**）」……引き分け
浅井・朝倉勢三万が琵琶湖《びわこ》西岸を焼き払いながら京都間近まで進軍した。信長が迎撃《げいげき》に出て坂本（現・滋賀県大津市）に陣を布《し》くと敵は比叡山に逃げ上がり、二カ月余り睨《にら》み合いが続いた。冬になり、寒さと豪雪のため朝倉義景が将軍義昭に泣きついたので、義昭は和睦の調停案を出し、信長はこれを受け入れた。

・「**大田口《おおたぐち》の合戦**（**長島平定戦《ながしま》**）」……信長の負け
信長は柴田勝家に命じて伊勢長島（現・

三重県桑名市《くわな》）の一揆勢を攻めさせた。大田口（現・岐阜県海津市《かいづ》）で村々に放火して撤退する際、一揆勢に待ち伏せされて勝家は負傷し、敗走した。織田軍の惨敗だった。

・**「三方ヶ原の戦い」**……信長の負け

一五七二年、三万もの大軍を率いた甲斐の武田信玄が西進を開始し、遠江の二俣《ふたまた》城（現・静岡県浜松市）を落城させた。その報を受けた信長は浜松に援軍を送るが、その到着前に家康が浜松城から出撃し、三方ヶ原で信玄と対戦して大敗。家康は命からがら敗走した。織田・徳川連合軍の惨敗だ。家康はこの敗戦を忘れないために、有名な「しかみ像」を描かせたといわれている。

回 第六天魔王のスイッチON！　霊峰比叡山を焼き討ち

こうした苦しい戦いが続く中、志賀の陣（坂本対陣）の際、**浅井・朝倉軍に味方した比叡山延暦寺を信長は許すことができなかった。**

まず信長は、延暦寺に対して警告した。

「浅井・朝倉との戦、信長に味方するか、そうでないなら作戦の妨害をしないでもらいたい。これに反する場合、根本中堂《こんぽんちゅうどう》、山王《さんのう》二十一社（日吉大社《ひよしたいしゃ》）をはじめとして一山ことごとく焼き払う!!」

これを受けた延暦寺側は、信長の脅《おど》しをガン無視して返事をしなかった。

『信長公記』は、当時の比叡山の僧衆に対して次のように記している。

「比叡山は王城の鎮守《ちんじゅ》でありながら、まじめに仏道修行などせず、天下の笑いものになっているのにも恥じず、天道に背《そむ》くことの恐ろしさも顧《かえり》みず、色欲《しきよく》に耽り、肉食《にくじき》し、金銀の欲に溺《おぼ》れ、さらに浅井・朝倉に加担し、勝手な振る舞いをしていた」……筆者の太田牛一も、延暦寺の僧たちにはあきれていたのだろう。

信長の堪忍袋《かんにんぶくろ》の緒《お》は完全に切れた。プッチーン!!

ついにその時が来た。一五七一年九月十二日、信長は比叡山を攻撃し、根本中堂・山王二十一社をはじめ、仏堂・神社、僧坊《そうぼう》・経蔵《きょうぞう》、**一堂一宇《いちどういちう》も残さずすべて焼き払っ**

信長の「第六天魔王」のスイッチが入ってしまった
「比叡山焼き討ち」。まさに神仏をも畏れぬ所業

た。炎と黒煙が吹き上がり、無残にも一山ことごとく灰燼に帰した。

それでもまだ鬱憤《うっぷん》が晴れない信長は、山を取り囲んで四方から攻め上り、悪僧はもちろん、高僧・貴僧、学識高い僧、美女（!!）、小童《こわっぱ》、さらには逃げ惑って「お助けください」と哀願する者までも許さず、一人残らず首を打ち落とした。数千の死体がごろごろと転がり、目も当てられぬ惨状だった。

信長は、積年《せきねん》の鬱憤をやっと晴らすことができた。そして志賀郡（現・滋賀県西部）を明智光秀に与え、光秀は坂本に居城を構えた。

信長の「神仏をも畏《おそ》れぬ所業」として有

名なこの「比叡山焼き討ち」だが、一部分の発掘調査の結果、これほどの大規模な焼き討ちが行われた証拠は、今のところ出ていない。**『信長公記』の記述はちょっと盛りすぎの可能性が高い。**

回 蜜月終了！ 将軍義昭に「異見十七ヶ条」を提出

信長に二条御所を建造してもらったことに対して義昭は涙を流して感謝し、信長が京から美濃へ帰国する際、**義昭は二条御所の門外まで信長に付き添ったばかりか、その姿が遠くに消えるまで見送った。**また義昭は、上洛軍の慰労《いろう》と将軍御所の完成記念として、大名や有力武将を招待して盛大な「能」を催《もよお》したりした。

しかし、信長との「共闘」とは名ばかりで、「傀儡《かいらい》政権」と化していることに気づいた義昭は、次第に信長に対して不信感を募《つの》らせていく。一方の信長も幕府の運営について義昭と考えの食い違いがあった。

信長と義昭の蜜月《みつげつ》も終わろうとしていた。

一五六九年、信長は、義昭の将軍権力を制限する「殿中御掟《でんちゅうおんおきて》九ヶ条」を義昭に示したが、どんどん追加されて翌年には二十一ヶ条となった。

内容は「諸国の大名に命令を下す時は、必ず事前に信長に報告して信長の書状も添えて出すこと」「これまでに義昭が諸大名に出した命令はすべて無効とし、改めて考えたうえでその内容を定めること」など、義昭にとってはとうてい承服できるものではなかった（そりゃそーじゃ）。義昭は当然のことながら、この掟《おきて》を無視した。

二人の間に深い溝が生じ、ついに信長は一五七二年に、義昭に対して脅迫に近い内容の**「異見《いけん》十七ヶ条」**を提出した。

一、宮中参内《さんだい》を怠《おこた》りがちなのは遺憾《いかん》です
一、諸国へ私文書を出し、勝手に献上品を求めることはおやめください
一、忠勤者に恩賞を与えず、新参者に扶持《ふち》を与えるのは不公平です

このくらいならまだいいとして、だんだん義昭を攻撃し、悪口になっていく。

一、「元亀《げんき》」という元号は不吉なので、早く改元してください……（怒）

一、諸国から金銀が献上されているのに、内密に蓄《たくわ》えているでしょう……（怒怒）
一、幕府に備蓄されていた米を勝手に売って換金したでしょう……（怒怒怒）
一、将軍が欲深なので、百姓でさえも「悪御所《あくごしょ》」と呼んでいます。なぜ陰口を言われるのかよく考えてください……（怒怒怒怒）

……云々《うんぬん》かんぬん。ぶっちゃけ、この頃の信長は「信長包囲網」を形成する敵と戦っていて余裕がなかった。元号の「元亀」に対する意見は、個人的な文句にすぎないが、信長のイライラが募っている様子が見て取れる。

実際のところ、**「元亀」は信長にとって不吉な元号**だった。永禄《えいろく》から元亀に改元した年、信長は自ら兵を率いて朝倉義景討伐に出陣し、その戦いで浅井長政の裏切りに遭って敗走している。その後も「姉川の戦い」「石山本願寺の蜂起《ほうき》」「長島の一向一揆」「比叡山焼き討ち」「武田信玄の侵攻」……と元亀年間に合戦が続き、信長は悪戦苦闘の日々を送っていた。

迷信など信じない信長だったが、ここは改元して縁起を担《かつ》ぎたかったに違いない。のちに義昭を追放した信長は、すぐさま朝廷に改元を申し入れ、**七日間という異例の**

スピードで新たな元号「天正《てんしょう》」へと変えてしまった。

回「まだ将軍の威光は通用するはず」――義昭の大誤算

一方、義昭は義昭で「異見十七ヶ条」に激怒し、打倒信長の策を練り始めた。これを知った信長は、あわてて二度と将軍を粗略に扱わないことを申し入れたが、和解は成立しなかった（「覆水盆《ふくすいぼん》に返らず」じゃ）。

義昭は一五七一年頃から朝倉義景や浅井長政、武田信玄などにこっそり**「織田信長討伐令」**を出していた。自らが黒幕となり、信長を打倒しようと考えたのだ。少し前まで信長を「御父」と慕《した》っていたのはどこへやら。

信長と殺《や》るか殺られるかの関係になっていた長政は、将軍が味方に付いたと喜んだが、協力関係にあった比叡山延暦寺は信長に焼き討ちされて壊滅しており、頼みの朝倉義景は動かなかった。武田信玄にいたっては体調を崩しており、この数カ月後に亡くなるのだからどうしようもない。

焦る義昭は〝近場〟の反信長勢を集めてとにかく挙兵した。まだ将軍の威光が通用すると考えたのだが、これは浅はかだった。信長はこれまで親密だった義昭の挙兵に驚き、最初は信じなかったが、事態を理解すると柴田勝家、明智光秀、丹羽長秀、蜂屋《はちや》頼隆《よりたか》の四人に命じてこれを撃退させた。

将軍が信長に敵対したことを、京の人々は、

かぞいろと　養《やしな》ひ立てし　甲斐もなく　いたくも花を　雨のうつ音

訳 両親のように将軍を守り立てた甲斐もなく、信長は将軍を討つことになってしまった。今、将軍が住む花の御所に激しく雨が打つ音が聞こえることよ。

との落書《らくしょ》を京都中に立てておいた。

信長は入京して東山《ひがしやま》の知恩院《ちおんいん》に陣を構えた。和睦してもよいと義昭方に申し入れたが聞き入れられなかったので、仕方なく攻撃を開始した。二条御所を包囲し上京《かみぎょう》の町を焼き払うと、義昭はもはや守り切れないことを悟り、和議に応じる旨の返事を送り、信長もこれを了承した。「やれやれ、手間のかかる将軍様だ」(by信長)。

しかし、この程度で義昭が諦《あきら》めるはずはないと予想した信長は、**いざという時のた**

めに大軍を率いて琵琶湖を一気に渡れるよう大船を建造した。その大きさは「長さ三十間（約五十四メートル）、横幅七間（約十三メートル）、艪《ろ》は百挺」もある巨大なので、皆びっくり仰天したという。

回 義昭をサクッと京から追放！　事実上の室町幕府滅亡

予想通り、義昭は三カ月後に再び挙兵した。懲《こ》りない将軍様だ。こうなるともはや執念、「打倒信長」の四文字しか見えていない。二条御所には留守居《るすい》を置き、義昭自身は宇治《うじ》の真木島《まきのしま》（現・京都府宇治市槇島町《まきしま》）の城（槇島城）に移って陣を構えた。

それを知った信長は、建造した大船に乗ってあっという間に琵琶湖を渡り、坂本に到着した。そして、そのまま猛烈な勢いで入京して二条御所を包囲した。兵を挙げてからわずか二日。**あまりの速さと大軍に驚いた留守居役の日野輝資《ひのてるすけ》らは降参した。**

続けて信長は、義昭のいる真木島へと進撃した。途中、宇治川が行く手を遮った。水が溢《あふ》れんばかりに逆巻《さかま》く大河をどう渡ればよいものかと、諸将が思案していると、信長は臆《おく》する様子などまったくなく、

「善は急げじゃ、この信長が先陣を務めるからついて来い」

と言って先頭を切って宇治川を渡り始めたので、諸将たちも後には引けなくなった。大河ではあるが、信長の威光をもってすれば簡単簡単、難なく渡れた（ヨイショ!!）。

信長に続いて宇治川を渡った軍勢は槇島城の四方を包囲し、一帯に火を放って攻め立てると、槇島城は落城した。義昭は城に立て籠もって戦えば大丈夫と高をくくっていたが、もはや取るべき手段はなく、白旗を揚げた。

信長は義昭を切腹させることもできたが、それは天道に背くと考え、命だけは助けて追放し、後世の人々の判断に委《ゆだ》ねようと考えた。信長は義昭の幼い嫡子《ちゃくし》を人質として預かると、**「恨みには恩をもって報いるのだ」**※と言って、秀吉を警護に付けて義昭を河内《かわち》の若江《わかえ》城（現・大阪府東大阪市）まで送り届けた。

一五七三年に十五代将軍義昭が京から追放されたことによって、**室町幕府は事実上滅亡**した。足利尊氏《たかうじ》が創始してから約二百四十年弱の命脈だった。一四六七年に始まった応仁《おうにん》の乱以降、幕府はすでに弱体化していたといえるが、とどめを刺したのは信長だった。

※原文は「怨みをば恩を以《もっ》て報ぜらるる」。これは『論語』と『老子』の両書にある「怨みに報いるに徳を以てす」（＝恨みを根に持たず、かえって相手に恩恵を施すこと）から来ている言葉。のちに天下を取った家康が、常に心に留めている言葉として「仇《あだ》をば恩を以て報ずる」という言葉を二代将軍秀忠《ひでただ》に伝えている。

回 義昭の晩年と最期

信長に奉じられて入京した当時の義昭は、草木もなびくばかりの威勢で、「誠に運のよい将軍様だ」と誰もが敬慕《けいぼ》したが、今となっては義昭自身が鎧《よろい》の袖を涙で濡《ぬ》らすみじめな有様で、自業自得《じごうじとく》とはいえ哀れで目も当てられない状況となった。

しかし、**白旗を揚げても義昭はまだ諦めていなかった**（往生際《おうじょうぎわ》が悪いにもほどがあるのう）。実はまだ義昭は「征夷大将軍《せいいたいしょうぐん》」の地位は失っていなかったのだ。

義昭は、このあとも各地を転々としたのち、西国の雄である毛利《もうり》輝元《てるもと》を頼り、「反織田同盟」の黒幕として活動した。また毛利氏の庇護《ひご》のもと幕府の再興を図り、備後《びんご》の鞆《とも》（現・広島県福山市）に**亡命政権ともいえる「鞆幕府」を開いた。**

信長が「本能寺の変」で横死したあとは、毛利を攻めていた秀吉と関係を修復し、「関白《かんぱく》秀吉、将軍義昭」という期間が二年以上も続いた。京を追われてから十四年後の一五八七年、義昭は京に帰還し、その翌年、秀吉と共に参内して将軍職を朝廷に返上した。これにより、室町幕府は名実共に（やっとのことで）滅亡した。

晩年の義昭は秀吉から厚遇されたが、兄義輝の死後、遺臣たちの助けを借りて各地を流浪《るろう》したり、信長に追放されたのちも毛利氏などの諸大名を頼ったりした経緯から、**「貧乏公方《くぼう》」と陰口をたたかれた。**

晩年、秀吉のたっての願いで、義昭は朝鮮出兵（文禄《ぶんろく》の役《えき》）のための肥前名護屋《ひぜんなごや》城（現・佐賀県唐津市）に在陣した。それが身体にこたえたのか、一五九七年に病臥《びょうが》してわずか数日で亡くなった。享年六十一。室町幕府の歴代将軍の中で最も長命であり、天寿を全うしたといえる。

3章

宿敵を次々撃破！「天下布武」へと邁進!!

……刃向かうヤツは「根絶やし」のモーレツぶり

浅井・朝倉軍との「最後の戦い」

信長包囲網も残るは
浅井・朝倉のみ！
名門朝倉氏を滅ぼして
裏切った
義弟の浅井長政も
許さんっ！
朝倉軍に
完全勝～利!!
やった！
無念
朝倉義景
続いて
浅井親子にも勝利！
グゥ
ゲェ
この三人の髑髏を
あ～してこ～して…
浅井長政
浅井久政

髑髏の肴できました！
金ピカ
久政
長政
義景
勝利の酒はうまいのう～
ワー
ワー
ちなみにこれは敵将へ敬意を払っているのよ!!

信長は将軍を傀儡とすることで間接的に天下を動かしていたが、足利義昭《あしかがよしあき》の追放後は信長一人が天下人となった。すでに武田信玄《たけだしんげん》は病死し、室町《むろまち》幕府も滅亡した以上、**残る「信長包囲網」の中心メンバーは朝倉義景《あさくらよしかげ》と浅井長政《あざいながまさ》だった。**

信長は満を持して大軍を率い、夜中に岐阜《ぎふ》城を出発して近江《おうみ》に攻め入った。これに対して浅井長政は五千の兵と共に小谷《おだに》城に籠城《ろうじょう》したが、武将が相次いで織田方に寝返ったため、状況が悪化した。それを見た越前《えちぜん》の朝倉義景が、長政を救援するため近江に出陣した。

織田軍三万に対して、朝倉軍二万。小谷城に籠城する浅井軍も五千近くいる状況だ。これまで何度も激戦を繰り広げてきた相手だが、信長は今度こそ絶対的な勝利を摑みたかった。

一五七三年八月十二日、近江一帯を暴風雨が襲った。

信長は、この暴風雨によって、敵は油断しているはずだと判断した。なにやら「桶《おけ》狭間《はざま》の戦い」を彷彿《ほうふつ》させるシーンだ。チャンスと見た信長は、自ら千人の手勢《てぜい》のみを率いて朝倉方の前線基地、大嶽砦《おおづくとりで》（現・滋賀県長浜市）を奇襲した。

大嶽砦を守備していた朝倉兵は不意を突かれて戦う前に降伏したが、信長はあえて

髑髏の肴できました！
金ピカ
久政
長政
義景
勝利の酒はうまいのう～
ワー
ワー
ちなみにこれは敵将へ敬意を払っているのよ!!

信長は将軍を傀儡とすることで間接的に天下を動かしていたが、足利義昭《あしかがよしあき》の追放後は信長一人が天下人となった。すでに武田信玄《たけだしんげん》は病死し、室町《むろまち》幕府も滅亡した以上、**残る「信長包囲網」の中心メンバーは朝倉義景《あさくらよしかげ》と浅井長政《あざいながまさ》だった。**

信長は満を持して大軍を率い、夜中に岐阜《ぎふ》城を出発して近江《おうみ》に攻め入った。これに対して浅井長政は五千の兵と共に小谷《おだに》城に籠城《ろうじょう》したが、武将が相次いで織田方に寝返ったため、状況が悪化した。それを見た越前《えちぜん》の朝倉義景が、長政を救援するため近江に出陣した。

織田軍三万に対して、朝倉軍二万。小谷城に籠城する浅井軍も五千近くいる状況だ。これまで何度も激戦を繰り広げてきた相手だが、信長は今度こそ絶対的な勝利を摑みたかった。

一五七三年八月十二日、近江一帯を暴風雨が襲った。

信長は、この暴風雨によって、敵は油断しているはずだと判断した。なにやら「桶《おけ》狭間《はざま》の戦い」を彷彿《ほうふつ》させるシーンだ。チャンスと見た信長は、自ら千人の手勢《てぜい》のみを率いて朝倉方の前線基地、大嶽砦《おおづくとりで》（現・滋賀県長浜市）を奇襲した。

大嶽砦を守備していた朝倉兵は不意を突かれて戦う前に降伏したが、信長はあえて兵を逃がし、朝倉本陣に向かわせた。もはや敗戦は必至であることを朝倉方に伝えさせ、撤退するところを追撃しよう、と信長は考えたのだ。

信長は、朝倉軍が撤退する先手《さきて》に柴田勝家《しばたかついえ》や秀吉《ひでよし》ら歴戦の諸将を先陣として送り出し、次のように厳しく命を下した。

「必ず今夜、朝倉は退散するだろう。逃がさぬよう十分注意せよ!!」

回「一乗谷城の戦い」で朝倉義景は切腹

大嶽砦の陥落を知った義景は、勝ち目がないと判断して撤退を決断した。信長の予想は見事に当たった。

朝倉軍が撤退を開始するや、信長は自ら先頭に立って朝倉軍を追撃した。内部工作が功を奏し、裏切者も出て戦意を喪失《そうしつ》していた朝倉軍を討ち取ることは簡単だった。敦賀《つるが》までの十一里（約四十三キロメートル）の追撃で織田勢が討ち取った敵の首は三千を超え、信長が落とした城は十カ所に及んだ。**織田軍は翌日まで徹底的に追撃し、**

朝倉方の近江遠征軍をほぼ壊滅させた。

義景は一乗谷《いちじょうだに》（現・福井市）へ帰還したが、留守を預かっていたはずの兵の大半は逃げ去り、もはや義景の手勢はわずか五百人となっていた。

織田軍が朝倉氏の居城一乗谷城を攻めて焼き払ったため、義景は当時同盟関係にあった大野《おおの》郡の平泉寺《へいせんじ》（現・福井県勝山市）を頼りに再起を期そうとしたが、この時すでに平泉寺の僧兵も信長に忠節《ちゅうせつ》を尽くすことを誓っていた（あらかじめ秀吉が所領安堵《あんど》などを条件として工作をしていたのじゃ）。いよいよ義景に逃げ場はなくなった。

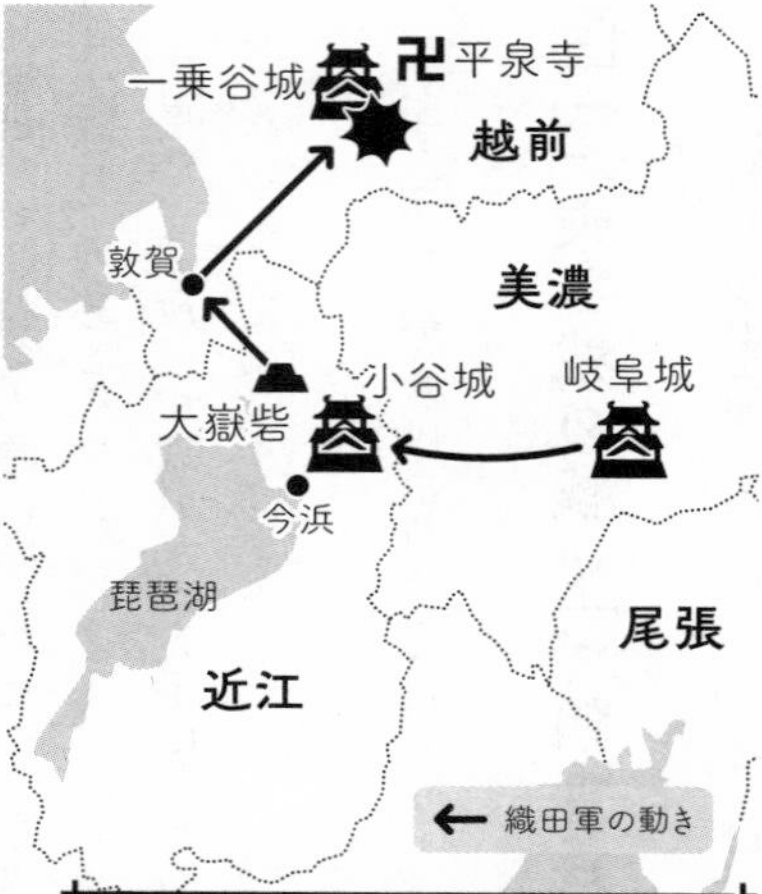

信長は「一乗谷城の戦い」で
朝倉義景を切腹に追い込んだ

高貴な婦人たちも輿車《こしぐるま》に乗ることもできず、徒歩で義景のあとを追って落ち延びたが、その中で、気品のある女性を雑兵《ぞうひょう》どもが見つけて三、四日囚《とら》えておいたところ、ちょっとした隙に監視の目を盗んで抜け出し、井戸に身を投げて死んだ。そのあと、一首の歌が書き遺されているのが見つかった。

ありをれば　よしなき雲も　立ちかかる　いざや入りなむ　山のはの月

訳 生きていると、月に雲がかかるように嫌なことが身に降りかかってくる。もう、山に沈む月のように私も身を隠して死んでしまおう。

これを見た者は皆、哀れに思って涙を流した。

こうした状況の中、**無情にも義景の従兄弟《いとこ》の朝倉景鏡《かげあきら》が裏切って義景を襲撃したため、義景は辞世（115ページ参照）を詠《よ》み、切腹して果てた。**享年四十一。

景鏡は義景の首を信長の元へ持参し、挨拶をした。『信長公記』では、景鏡のこの働きを「前代未聞のこと」と褒めている。義景の死を確認した信長は、義景の母と嫡男を捜《さが》し出させ、丹羽長秀《にわながひで》に命じて殺害させた。

回 小谷城落城！〝裏切り者〟浅井長政への苛烈な処分

朝倉義景の自害からわずか十日も経たないうちに、信長は浅井長政が籠城する小谷城へと引き返し、全軍に総攻撃を命じた。

長政の父久政《ひさまさ》は「もはやこれまで」と潔《いさぎよ》く切腹した。一族の浅井福寿庵《ふくじゅあん》が介錯《かいしゃく》し、次に鶴松大《つるまつだ》夫《ゆう》という舞の名手が福寿庵を介錯、自分も後を追って切腹した。鶴松大夫は「主君と同じ座敷では畏れ多い」と言って庭に下りて自刃したという（実にあっぱれな態度じゃ）。

長政のほうはしばらく持ちこたえ、その間に嫡男万福丸《まんぷくまる》を城外へ逃がした。**信長は秀吉を送って降伏を促すが、最期《さいご》を悟った長政は応じず、妻のお市《いち》の方《かた》と三人の娘を信長に引き渡すと、城内で自害した。**享年二十九。

辞世ではないが、次の歌が残されている。

けふもまた　尋ね入りなむ　山里の　花に一夜の　宿はなくとも

訳 今日もまた山里に花を求めて入ってしまうのだろう。一夜を過ごす宿はないとしても（「宿＝安全な場所」がどこにもない自分のことを詠んでいる）。

小谷城は落城し、浅井氏は三代で滅亡した。**浅井父子の首は京都に送られ、獄門《ごくもん》に掛けられた。**逃げていた長政の嫡男万福丸も捜し出され、関ヶ原《せきがはら》（現・岐阜県不破《ふわ》郡）で磔《はりつけ》にされた。享年十。それでも信長の怒りは解けず、親族や家臣までも処刑した。「信長は年来の無念を晴らした」と『信長公記』には記されている（ちょっと残酷な気もするが……）。

こうした浅井氏に対する処罰の苛烈ぶりは、裏切りに対して徹底的に厳しい態度で臨む信長の、完全主義ともいえる面が見える。

いずれにせよ、宿敵だった浅井・朝倉氏との長い長い戦いがここに終わりを告げた。信長は北近江の浅井領の支配を戦功のあった秀吉に任せた。秀吉は小谷城を廃城にしたうえで、今浜《いまはま》（のちの長浜《ながはま》〈現・滋賀県長浜市〉）に長浜城を築き、そこを本拠とした。

コラム

「なくてはならない存在」の丹羽長秀

信長に一年遅れの一五三五年、丹羽長政《ながまさ》の次男として生まれた長秀は、十六歳で信長に仕え、十九歳で初陣を飾った。

朝倉義景の討伐では、義景の母と子を処刑するという過酷な命を受け実行している。次々に武功を挙げていった長秀は、織田家臣の中で最初の国持《くにもち》大名となり、若狭《わかさ》一国（現・福井県南西部）を与えられた。信長から「長」の字の偏諱《へんき》（漢字二文字の名前のうち「通字《とおりじ》」〈139ページ参照〉ではないほうの字のこと。主従関係の証《あかし》などとして、主君から家臣に一文字与えることが行われた）を受けた長秀は、信長の養女を妻に迎え、嫡男の長重《ながしげ》も信長の五女を娶るなど、信長から厚く信頼されていた。

「京都御馬揃《おうまぞろ》え」（202ページ参照）では一番に入場するという栄誉に浴《よく》し、家老の席順としては、**柴田勝家に続く二番家老の席次《せきじ》が与えられ、織田家の双璧《そうへき》**といわれた。

しかし、織田信孝《のぶたか》(信長の三男)の「四国征伐軍(長宗我部元親《ちょうそかべもとちか》征討軍)」の副将を命じられた長秀は、出陣直前に「本能寺《ほんのうじ》の変」の知らせを受ける。主君の敵討ちに燃える長秀は、信孝と共に秀吉の軍に参戦して「山崎《やまざき》の戦い」で光秀を討った。

信長死後の織田家をどうするかの話し合いである「清洲《きよす》会議」(239ページ参照)において、長秀は池田恒興《いけだつねおき》と共に「秀吉=三法師《さんぼうし》」ラインを支持した。秀吉と勝家との「賤ヶ岳《しずがたけ》の戦い」でも秀吉側に立って勝家を亡ぼした。

一五八五年、長秀は寸白《すばく》(寄生虫病)のために死去した。享年五十一。

江戸時代に京都町奉行所《まちぶぎょうしょ》の与力《よりき》を務めた、神沢杜口《かんざわとこう》が書いた随筆《ずいひつ》『翁草《おきなぐさ》』の中に、信長の重臣評としてこんな記述がある。

「木綿藤吉《もめんとうきち》、米五郎左《こめごろうざ》、掛かれ柴田に、退《の》き佐久間《さくま》」

「木綿藤吉」は秀吉のことで、木綿のように丈夫で役に立ちよく働く。「**米五郎左」は長秀のことで、地味だが米のように生きていくうえで、なくてはならない存在。**「掛かれ柴田」は勝家のことで、合戦で先鋒《せんぽう》として活躍した。「退き佐久間」は佐久間信盛《のぶもり》のことで、退却戦が得意だったという。ちなみに、『信長公記』の筆者太田牛一《おおたぎゅういち》は信長亡きあと、長秀に右筆《ゆうひつ》として仕えている。

コラム

チャンスを逃し続けた朝倉義景

名門朝倉家の第十一代当主となった義景は、信長の一歳年上だ。義景は、管領《かんれい》（将軍に次ぐ役職）細川晴元《ほそかわはるもと》の娘を正室に迎えて幕府と親密度を増し、地位を高めていった。しかし、**義景は人生で何度も訪れたチャンスを逃し続けた。**

足利義昭が義景を頼って越前に逃れてきた時、義昭を伴って上洛するチャンスがあったのに、現状維持を望む家臣や親族の反対を押し切れず義景は義昭の救援を拒否した。結局、義昭は信長に奉じられて上洛し、将軍になった……**ワンアウト!**

新将軍義昭に挨拶するよう、信長に上洛を命じられた義景がそれを拒否すると、「叛意《はんい》あり」として信長に越前出兵の口実を与えることになった……**ツーアウト!!**

信長との「金崎《かねがさき》の戦い」では、浅井長政を裏切らせて信長を挟撃《きょうげき》し敗走させたにもかかわらず、追撃を躊躇し、信長を取り逃がしてしまった……**スリーアウト!!!**

このような数々の失態から、家臣の信頼を失い多くの離反者を出すこととなった。義景の最期も、従兄弟の裏切りに遭って追い詰められた末の切腹だった。

朝倉氏が滅亡したことを知った越前の地侍たちは、信長に帰順《きじゅん》の挨拶をするため出頭し、信長が陣を置いていた龍門寺《りゅうもんじ》（現・福井県越前市）の前は、門前市をなすが如くごった返したという。

「長い物には巻かれろ」ということわざがあるが、あまりにも節操がない。ただ、これは義景が戦国を勝ち抜く資質を持っていなかったことの証左かもしれない……。

そんな義景の辞世だ。

かねて身の　かかるべしとも　思はずば　今の命の　惜しくもあるらむ

訳 以前から我が身がこうなるはずだと知って行動していたので、その運命を受け入れ、今、私の命が尽きても惜しくなどない。

自分の死を「運命」として受け入れるという達観した考え方だが、戦国大名としては覇気が感じられない――そう思うのは気のせいだろうか……。

「金ピカの髑髏」で酒宴&名香木「蘭奢待」で茶会

浅井・朝倉氏を滅亡に追いやった信長は、翌年の一五七四年の正月一日、新年の挨拶のため岐阜に参上した京や隣国の諸将のために盛大な酒宴を開いた。宴も終わり、他国衆が退出して馬廻衆《うままわりしゅう》だけとなったところで、信長はいまだ誰も見聞したことのない珍奇な肴《さかな》を出した。その肴とは、去年信長が北国で討ち取った、

一、朝倉義景の首
一、浅井久政の首
一、浅井長政の首

以上三つの髑髏《どくろ》を薄濃《はくだみ》※にしたものを膳に置き、お披露目《ひろめ》したのだ。

信長はこれを肴にして馬廻衆と再び酒宴を行ったのだが、これは信長の残忍さを表しているという説と、新年にあたり、三将の菩提を弔い、新たな出発を期した（敵将への敬意の念はあった）という説がある。

信長の真意は知る由もないが、ともかく三つの髑髏を前に皆が謡《うたい》をうたって遊び興じた。信長は何もかもが思い通りとなり、上機嫌であったという。

同じ年の三月二十八日、信長は東大寺正倉院御物《とうだいじしょうそういんぎょぶつ》の**名香木《めいこうぼく》「蘭奢待《らんじゃたい》」**※から一寸八分（約五・五センチメートル）を切り取り、お供の馬廻衆に「一生の記念に見ておくがよい」と言って見せた。

天下一の名香木といわれる**「蘭奢待」は、それぞれの漢字の中に「東・大・寺」の名を隠した雅称《がしょう》**で、一四六五年に室町幕府の八代将軍足利義政《あしかがよしまさ》が切り取って以来、信長まで切り取った者はいなかった。

東大寺正倉院御物の「蘭奢待」

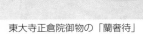

これは信長の権力が、すでに将軍と同等になっていたことを示すエピソードだ。切り取った蘭奢待の欠片《かけら》は、翌月に催された茶会のあと、津田宗及《つだそうぎゅう》と千利休《せんのりきゅう》に一片ずつ下賜《かし》されたといわれている。

一体、どんな香りがしたのだろう……。

※「薄濃」……漆《うるし》で塗り固めた上から金紛などで彩色する技法。

※「蘭奢待」……聖武《しょうむ》天皇の時代に中国から渡来したとされる名香木で、東大寺に納めた聖武天皇所縁の宝物の目録『国家珍宝帳《こっかちんぽうちょう》』によれば、長さ一五六センチメートル、最大径四二・五センチメートル、重量十一・六キログラム。内部はほぼ空洞となっている。

回 最大の敵は「戦国大名」ではなく「一向一揆」

信長を封じ込めようとする「信長包囲網」など、信長は数々の敵に囲まれたがそれを討ち破っていった。

しかし、天下統一を目指す**信長にとって最大の敵といえるのは戦国大名ではなく、**

武士の支配に反発した浄土真宗《じょうどしんしゅう》の信者（門徒《もんと》）による「一向一揆《いっこういっき》」だった。

一向宗とは正式には浄土真宗のことだが、「一向（ひたすら）」に「南無阿弥陀仏《なむあみだぶつ》」と称《とな》え続けたことから「一向宗」と呼ばれるようになった。

「浄土真宗」は鎌倉《かまくら》時代初期の親鸞《しんらん》が、師である法然《ほうねん》によって明らかにされた浄土往《おう》生《じょう》を説く真実の教えを継承《けいしょう》し、さらに弟子たちによって教団として発展した。

善人なほもて往生をとぐ、いはんや悪人をや。

訳 善人でさえも救われるのだから、悪人が救われるのは言うまでもない。

親鸞の法語録『歎異抄《たんにしょう》』の中に書かれた念仏思想の神髄《しんずい》とされるこの「悪人正機《あくにんしょうき》説《せつ》」は、多くの農民たちによって熱狂的に支持された。

戦乱と飢饉《ききん》の時代、人口の九割を占めていた農民たちは常に死にさらされていた。そうした中、**親鸞は「阿弥陀仏の本願《ほんがん》は悪人（煩悩《ぼんのう》にまみれた凡夫《ぼんぷ》）を救うことであり、悪人こそが救済の対象だ」と説いた。**「南無阿弥陀仏」と称えるだけで死後ただちに極楽《ごくらく》浄土に往生でき、来世で救われることを信じた一向一揆衆は、死を恐れない強さがあった。

進者往生極楽　退者無間地獄

「進まば往生極楽、退《の》かば無間《むけん》地獄」――こう墨書された筵旗《むしろばた》を掲げた一向宗の農民集団の一揆が、全国各地で頻発していた。

因縁対決！　石山本願寺との「十年戦争」スタート

顕如
ムムッ
ぐぬぬ
信長討つべしって信者のみんなに手紙を書いてます
負けるか！
…へ
一向一揆は徹底殲滅!!
二万人を焼き殺す信長
ギャー
石山本願寺を退去する顕如
負けた…
トボトボ

一五七〇年九月、一向宗の本山、石山本願寺《いしやまほんがんじ》（大坂本願寺《おおさか》とも。現・大阪市中央区）の主《あるじ》、顕如《けんにょ》は「大坂を立ち退け」との信長の命に逆らって蜂起した。

信長が上洛して以来、たびたび軍事費を要求されるなど無理難題を吹っかけられて不快感を抱いていた顕如は、ついに教団を挙げて戦う覚悟を決めた。ここに**十年もの長きにわたって続く「信長vs.石山本願寺」の「石山合戦」がスタート**した。

公然と信長に対決姿勢を示した顕如は、六月の「姉川《あねがわ》の戦い」の際も全国の信者に向けて信長と戦うように檄文《げきぶん》（自分の考えや信念を書き記して人々に行動を促す文書）を送っていた。また翌年九月の「比叡山《ひえいざん》焼き討ち」に危機感を抱いた顕如は、武田信玄にも書状を送り、味方に取り込んだ。顕如は「信長包囲網」に加わり、とにかく信長を打倒することに執念を燃やした。

石山本願寺は強大な経済力を有し、有力な戦国大名にも負けないだけの軍事力を備えていた。現在の大阪城のあたりにあったとされる石山本願寺は、防御のために周囲に堀が設けられていた。そこでは税を免除されるなど経済的な特権があったため、信者だけでなく商人も集まり、「寺内町《じないまち》」と呼ばれる独立した宗教的な城塞《じょうさい》都市を形成していた。

「やすやすと信長の軍門になど降《くだ》らぬわ」……顕如は一国の大名以上のプライドと経済力、そして「命を捨てて戦う覚悟を持つ信者」という精兵《せいへい》を多数抱えていた。

回「伊勢長島の一向一揆」を狂気的残忍さで平定

一方、「天下布武《てんかふぶ》」を掲げて天下取りを目指す信長も負けていない。

信玄が病死したのを知った信長は、義昭を京から追放し、宿敵の浅井・朝倉氏を滅ぼした。ようやく畿内《きない》周辺を平定した信長は、本格的な一向一揆の弾圧に乗り出した。

元号を「天正《てんしょう》」に改めて気分を一新した信長は、伊勢《いせ》北部に侵攻し、一向一揆の拠点のいくつかを攻略した。**本命は伊勢長島《ながしま》の一向一揆の制圧**だった。

長島には大坂の石山本願寺の系統である願証寺《がんしょうじ》を中心に数十の寺院があり、門徒の数は十万人にも達していた。彼らは領主に刃向かって勝手に自治を行い、領主の支配地まで乗っ取る始末だった。実は信長は、過去に二度長島を攻撃していた。しかし、長島は四方を川と海に囲まれた要害の地のうえに、防衛のため周りに砦を築くなど強力に武装していたため、いずれも大きな戦果を挙げられず撤退を余儀《よぎ》なくされていた。

信長は積年の恨みを晴らすべく「三度目の正直」とばかり大動員令を発して兵を集めた。そして嫡男の信忠《のぶただ》を伴い、柴田勝家など主要な武将を参陣させ、一五七四年七月、**七万もの大軍を率いて長島に向かった**。今度こそ決着をつけてやる!!

織田軍は陸から三部隊、海から一部隊に分かれて攻めた。四方から織田軍の猛攻を受けた諸砦は次々と落とされ、一揆衆は城に逃げ込んだ。

信長は大砲を撃ち込むなどして、攻撃の手を緩めなかった。その勢いに恐れをなし、逃げ場を失った一揆勢は降伏しようとしたが、信長は、

「お前たち悪人は懲らしめて兵糧攻めにし、年来の罪過や悪行《あくぎょう》に対する鬱憤を今こそ晴らしてやる」

と言って赦さなかった。三カ月も兵糧攻めにされるうち、**籠城した者の半数以上が餓死《がし》する**という酷《ひど》い有様だった。

ついに一揆勢は降参し、船に乗って長島から退去することになった。ところが信長はその船めがけて鉄砲で狙撃させた（ひ、卑怯《ひきょう》な気もする）。しかし敵もさるもの。

裸《はだか》になって川に飛び込み、抜刀して捨て身の反撃に出た。それによって織田勢も多数の被害者を出した。

そこで信長は、**城の周りに幾重《いくえ》も柵を巡らせて逃げられないようにし、四方から火をつけ男女二万人を焼き殺した。**「根切り《ねぎ》」といわれる「皆殺し」を行ったのだ。一向一揆を終わらせるには「根切り」しかないと信長は決めていた。

信長には、戦国時代を終焉《しゅうえん》に導いた古今独歩《ここんどっぽ》の大天才という顔と、狂気に近い残忍さを秘めた鬼の顔の二つがあった。神も仏も信じず、人間は死ねば皆同じだと思っている信長にとって、ありもしない仏を担ぐ門徒たちはただの愚民、我慢ならない輩《やから》だ。そんな輩を殲滅《せんめつ》させた鬼の信長は存分に気を晴らし、岐阜に帰還した。

回 越前でも容赦ない弾圧！「磔、釜茹で、火あぶり」

一向一揆との戦いは、まだまだ続く。

信長は、朝倉氏を滅ぼしたあとの越前の支配を、織田氏に寝返った朝倉氏の家臣に任せていた。しかし一五七四年、その領主を滅ぼして**一向一揆衆が国を乗っ取ってし**

まった。これを知った顕如は側近を越前に派遣し、支配下に置いた。

信長は苦労して手に入れた越前を奪われたことに激怒し、翌年、長篠《ながしの》の戦いの勝利後に兵を送った。信長の大軍の前に一揆側は敗れ、三万人以上もの死者が出た。府《ふ》中《ちゅう》（現・福井県越前市）に進軍していた信長は、部下に宛てた書状にこう記している。

府中の町は死骸《しがい》ばかりで空きどころもない。見せたいものだ。

戦いを通じて一向一揆衆の執念を見せつけられた信長は、越前に「猛将」と呼ばれる柴田勝家を配した。また、**「越前国掟《くにおきて》」を制定して、信長に対する絶対服従を命じた。**

そこには「信長を崇敬《すうけい》するべし」は当然のこと、「信長のいる方角に足を向けようと思ってはならない」とまで書かれていた。ちなみに信長の好きな「鷹狩り」はもちろん禁止だ（笑）。

信長は一向一揆に対して容赦ない弾圧を加え、「磔、釜茹《かまゆ》で、火あぶり」など残忍極まりない処刑を行い、根こそぎ潰していった。

そんな中、十五世紀後半に蓮如《れんにょ》指導のもとで起きた加賀《かが》（現・石川県南部）の一向一揆は、守護を打倒し、「百姓の持ちたる国」と称されて約百年に及ぶ自治を行っていた。石山本願寺が平定されたあとも、加賀の鳥越《とりごえ》（現・石川県白山市《はくさん》）では一向一揆がまだ抵抗を続けていた。

信長に越前を任された勝家も、これには手を焼いた。そこで**一揆の指導者に講和を持ちかけて城におびき寄せ、暗殺した**（むむむ卑怯～、だけど仕方ないところじゃ）。その首は信長のいる安土《あづち》（現・滋賀県近江八幡市《おうみはちまん》）に運ばれ、城下に晒《さら》された。ここに加賀の一向一揆も終わりを告げたといえる（越前、加賀の一向一揆にとどめを刺したのは、信長の部下で「加賀百万石の祖」といわれる前田利家《まえだとしいえ》だったともされる）。

回 毛利水軍の新兵器「焙烙火矢」で織田軍はコテンパンに！

話を「石山本願寺との十年戦争」に戻そう。

越前の一向一揆を壊滅させた信長は、**一五七六年五月、いよいよ本丸である大坂の石山本願寺の攻撃を命じた。**

信長の「天下布武」達成のためには絶対に避けて通れない最大の敵であり、戦国時代最強の宗教的武装勢力ともいえる石山本願寺。信長にとって「不倶戴天《ふぐたいてん》」の敵だ。

信長に命じられた荒木村重《あらきむらしげ》、明智光秀《あけちみつひで》らは、海と陸から本願寺に攻撃を仕掛けた。しかし、本願寺から出陣した一万の軍勢は、織田軍に向かって数千挺もの鉄砲で雨あられと撃ちかけてきた。そして勢いに乗って織田軍の砦まで攻め寄せてきた。

信長は戦いが劣勢と聞くやいなや出陣し、自ら陣頭指揮をとった。しかし指揮をしている間に敵の銃弾が足に当たって軽傷を負ってしまう。それでも信長はそんなことにはお構いなく陣容《じんよう》を立て直し、再び攻撃を開始した。結果、**信長の気迫が勝って敵勢を追い崩し、二千七百余りの首を討ち取った。**

信長は、普通の人が危機だと思うことを逆にチャンスとみなす大胆な性格を持っていた。この時、敵の大軍を前にした家老たちは皆、「このたびの戦は控えましょう」と言った。しかし、信長は、

「このように敵と近くに寄り合ったことは、天の与えた恵みである」

と言って出陣したのだった。

こうして本願寺勢を敗走へと導いた信長だったが、顕如は上杉謙信《うえすぎけんしん》、武田勝頼《かつより》らに書状を送り、新たな「信長包囲網」を形成した。これに安芸《あき》（現・広島県西部）の毛《もう》利輝元《りてるもと》も加わった。まだまだ敵もしぶとい。

七月、毛利水軍が七、八百艘《そう》の船を率いて、石山本願寺に籠城を続ける顕如のもとに兵糧を送り込もうとしてきた。大坂湾木津川《きづがわ》河口付近（現・大阪市住之江区、大正区）でこれを迎え撃った**織田軍は、毛利軍の新兵器「焙烙火矢《ほうろくびや》」で壊滅的な打撃を受けた**（第一次木津川口の戦い）。「焙烙」はもともと「土鍋」の意だが、それ様《よう》の器に火薬を詰めて紐でくくり、長い紐を付けてハンマー投げのように敵船に向かって投げた。焙烙火矢による攻撃を受けた織田軍の船は次々に焼失し、毛利軍は兵糧や物資を本願寺に運び入れることに成功した。

回 九鬼水軍に「鉄甲船」建造を命令、見事リベンジ！

これに対して、**信長は志摩《しま》（現・三重県中東部）に本拠を置く九鬼《くき》水軍を率いる九鬼嘉隆《よしたか》に、鉄張りの軍船《いくさぶね》、「鉄甲船《てつこうせん》」の建造を命じた。**

嘉隆は、船の周りに厚い鉄板を張り巡らし、甲板にも厚さ三ミリの鉄板を敷き詰め、鉄砲の弾も通さず、焙烙火矢によっても焼けない鉄甲船を建造した。全長は二十〜三十メートルにも及び、大砲を三門備えていたという。まさに近代海戦にいう「戦艦」、**世界初の鉄板張りの船だ。**

信長の知己《ちき》を得ていたイタリア人宣教師オルガンティノは、「ポルトガルの船に似ており、このような船が日本で造られているとは驚きだ」と母国に報告している（当時のポルトガルは造船技術の先進国だった）。

一五七八年十一月、顕如の要請に応じて再び毛利水軍の六百余艘が木津川河口に現れたが、今度は「飛んで火に入る夏の虫」。**木津川河口を防御する六隻《せき》の鉄甲船が毛利水軍を見事撃退し、リベンジを果たした（第二次木津川口の戦い）。**鉄甲船を建造し、それらを率いて勝利した九鬼嘉隆は信長から伊勢・志摩など七千石が与えられた。

四万人もが籠城する石山本願寺は食糧の補給が断たれ、一気に苦しくなった。再び信長による「根切り」となり、石山本願寺は全滅か!?　と思いきや、一五八〇年三月、信長が講和案を顕如に示した。

顕如率いる本願寺が大坂の地を去るならば、教団を赦し、その地位を保証する。

この講和案は正親町《おおぎまち》天皇の勅使《ちょくし》によってもたらされたものだった。勅命ともなれば従うしかない……顕如はこれを受け入れ、石山本願寺を去って紀伊国鷺森御坊《きいのくにさぎのもりごぼう》（現・和歌山市）へと退去した。しかし、顕如の息子の教如《きょうにょ》は徹底抗戦を主張し、和議に不満を持つ門徒らと共に石山本願寺に籠城し続けた。教如の最初の妻はあの朝倉義景の娘だったので、信長に対して私怨《しえん》があったのかもしれない。

籠城した教如は、全国に檄文を送って地方の信者たちにも徹底抗戦を訴えた。教如の檄文を受けた各地の信者たちは迷った。降伏した顕如か、徹底抗戦の教如か……生か死かの決断だったが、信長と戦う気力も体力もすでに残っていなかった。

結局、**援軍が来ないまま追い詰められた教如は、わずか半年後に本願寺を去った。**その直後、原因不明の火事が起き、本願寺は三日三晩燃え続けた（まあ、普通に考えて教如が火をつけさせたのじゃろう）。

信長が最終的に石山本願寺を平定したのは一五八〇年八月。石山本願寺との十年戦争を制した信長は安土城に移り、「天下布武」に向かってさらに突き進んでいく。

コラム

「天下布武」とは何か？

信長は「岐阜城」を居城としたおよそ三カ月後から、「天下布武」の朱印を使い始めている。「天下布武」の四文字を撰《せん》したのは、臨済宗政秀寺《りんざいしゅうせいしゅうじ》の僧侶である**沢彦宗恩**《たくげんそうおん》といわれている。政秀寺は、自害した信長の傅役平手政秀《ひらてまさひで》（35ページ参照）の菩提を弔うために信長が建てたお寺だった。

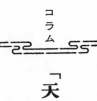

「天下布武」というのは、一般的には「天下を武力によって制する」という意味に解釈されることが多いが、正確には**「天下に武を布く」と読み下し、「天下を『武家《ぶけ》』が治める」と解釈する**のが正しい。

中世は、三つの権門《けんもん》である「公家《くげ》（朝廷）・寺家《じけ》（寺社）・武家」が補完し合って並び立っていた権門体制の時代だった。信長は、公家と寺家の勢力を排除して、武家が中心となって全国を治めることを目標とした。信長が「中世の破壊者」（全部破壊したわけではないけれど）と呼ばれる所以《ゆえん》がそこにある。

「天下布武」の解釈には、もう一つ誤解がある。

信長がこの時点で「天下」としてとらえていたのは、五畿内（山城《やましろ》・大和《やまと》・河内《かわち》・和泉《いずみ》・摂津《せつつ》＝現在の京都府・奈良県・大阪府・兵庫県の一部）の可能性が高い。

『信長公記』に書かれている記述でも、「天下≒畿内」と読み取れるものがいくつかあり、その場合の畿内とは、「天皇および将軍のいる京都を中心とした五畿内」だったようだ。

しかし、「信長包囲網」を次々に突破し、将軍義昭を追放して室町幕府を滅亡させ、比叡山延暦寺を焼き討ちして壊滅させたあたりから、信長の「天下」への意識が変わり始める。

十年に及んだ戦いを制し、石山本願寺を屈服させた信長は、**一五八〇年あたりから「天下≒全国」を意識し始めた。**信長は他の戦国大名が本拠地を動かさなかったのに対して、尾張《おわり》から美濃《みの》、美濃から近江へと移しているのもそうした意識の表れだろう。
そして中国地方の毛利氏を制圧する途中で「本能寺の変」に遭い、天下統一の志は、秀吉、そして徳川家康《とくがわいえやす》に引き継がれることになる。

コラム

鉄砲隊の指揮官として活躍した滝川一益

滝川一益《たきがわかずます》は織田家の宿老だが、信長に仕えるまでの半生は不明という謎の人物だ。信長より九歳年上の一益は、百発百中の鉄砲の腕前により織田家に仕官したとされ、**『信長公記』によると、二十歳前後の信長が、夏のある夜に踊りを催した際に、一益の家来衆が「餓鬼《がき》の役を務めた」**という記述がある。

ちなみにこの時、信長は天女の扮装《ふんそう》をし、小鼓《こつづみ》を打ちながら女踊りを披露している。まだ若き信長の「うつけ」時代であり、いたずら好きで人々を驚かせて楽しんでいた。

さて、一益の最初の仕事として『信長公記』に記されるのは、信長と家康との間の「清洲同盟」の交渉役だった。

次に、朝倉義景との「一乗谷城の戦い」に参戦すると、「長島一向一揆」の鎮圧《ちんあつ》に際しては九鬼嘉隆と共に水軍を率い、海上から攻撃して武功を挙げている。

出世街道を順調に進む一益は、**「長篠の戦い」において、鉄砲隊の指揮官として活躍し、武田勝頼の軍を壊滅状態に追い込んだ。**さらに、「越前一向一揆」を攻略すると、一五七八年の「第二次木津川口の戦い」にも参加した。

生涯最高の武功として、一五八二年の「甲州征伐《こうしゅう》」（206ページ参照）において武田勝頼を討ち取るという功績を挙げている。この時、**一益は領地よりも名物茶道具の「珠《じゅ》光小茄子《こうこなす》」を所望し、それが叶わなかったことが悔しいと手紙の中で書いている。**信長は代わりに名馬「海老鹿毛《えびかげ》」と短刀を下賜した（信長が惜しんだ「珠光小茄子」は残念ながら現存せず、どれほどの名器だったのかわからないのが残念じゃ）。

一益にとって青天《せいてん》の霹靂《へきれき》だったのが「本能寺の変」だ。

信長の死を知ったのは変事から五日も経った六月七日のことだった。一益は悲憤慷《ひふんこう》慨《がい》の極に達した。重臣たちの反対を押し切って、光秀と一戦して信長の敵を討つことを宣言したが、先に秀吉に敵を討たれてしまい、その機を逃した。

一五八六年、越前大野（現・福井県大野市）にて死去。享年六十二。

最強ラスボス武将・信玄の死！　信長の反転攻勢

石山本願寺との十年戦争の間も、信長は包囲網を打ち崩す戦いを強《し》いられた。中でも武田信玄とその息子、勝頼との戦いは熾烈を極めた。

信長は**外交政策として、「遠交近攻策」**を取り、甲斐《かい》の武田家とは同盟を結んでいた。それによって東方の安全を確保し、美濃攻めに注力することができた。しかし、同じく同盟を結んでいた家康が信玄と敵対したことで、武田家との同盟は反故《ほご》になってしまった。

「三方ヶ原《みかたがはら》の戦い」（91ページ参照）において徳川家康に完勝した信玄は、そのまま西進するかと思われたが、一五七三年四月、突然、本国の甲斐へと撤退を開始した。

実はこの時、信玄の病状が悪化しており、信玄は甲斐まで持たず伊那駒場《いなこまんば》（現・長野県下伊那郡）の地で病没してしまう。

信玄は、自分の死を三年間隠すように遺言したが、ほどなくそれはバレてしまった。

信玄の死は信長にとって朗報だった。

浅井長政に裏切られて痛い目に遭った「金崎の戦い」以降、浅井・朝倉軍との死闘、一向一揆との果てしない戦い、さらには将軍義昭との不仲もあって、信長は精神的にも戦力的にも消耗していた。

「三方ヶ原の戦い」で家康が敗走したのも、ピンチの家康に、信長が多くの援軍を送る余裕がなかったことが大きな原因だった。

しかし、信玄の死で窮地から脱した信長は、次第に攻勢に転じることになる。

回 「レジェンドな父の偉業を引き継ぐことを誓います！」(by 勝頼)

信玄の死後、跡を継いだのは息子の勝頼だった。信玄が突然亡くなったこともあって、本来なら武田家当主を意味する「信」の通字※をもらい受けることもなく、また「三年我が死を秘せ」という信玄の遺言も、裏を返すと**勝頼のことを跡継ぎとして信頼していなかったことの証**とも取れる。

いずれにせよ、信玄の死は早々にバレた。勝頼は「打倒信長」という父の遺志を受け継いで、戦国最強の武田軍を率いて西進を再開した。一五七四年二月、美濃へ侵攻して織田方の明智《あけち》城（現・岐阜県恵那《えな》市）を落城させ、そのわずか二カ月後に徳川方の高天神《たかてんじん》城（現・静岡県掛川市）を攻め落とした。

どちらの戦いでも、信長は岐阜城からすぐに援軍を出したが、到着した時にはすでに落城していたので戦わずに帰っている。

こうして**勝頼に二連敗を喫したはずの信長だったが、実は余裕の行動に出ている。**

信長は「高天神城の戦い」において援軍が間に合わなかったことを申し訳なく思い、同盟を結んでいる家康に、兵糧代として黄金二袋を贈った。そのおびただしい量の黄金を見た家康と家中の者は驚嘆した（ワシも見てみたいもんじゃ）。

信長は次なる戦いを見据《みす》えていた。信玄さえいなくなれば武田軍には勝てる。そしてその戦いは、戦国時代の戦いの歴史を塗り替えるエポックメーキングなものでなければならない。

ただ勝つだけではなく、「信長時代」を天下に印象づける戦をするのだ!! 信長は強い意志と絶対的な確信を持っていた。

※「通字」……家に代々継承された特定の文字を名前に入れる習慣があった。その家の正統な後継者、または一族の一員であることを明示する意図があった。織田家なら「信」の字がそれにあたる。

コラム

「天台座主沙門信玄」と「第六天魔王信長」

「甲斐の虎」武田信玄は、戦国最強の騎馬軍団を率いて近隣諸国を平定していった。しかし、「越後《えちご》の龍」上杉謙信との「川中島《かわなかじま》の戦い」は足掛け十二年にも及び、結局決着がつかず、その間に信長が着々と力を付け、「天下布武」の道を突き進んでいった。

信玄は新進気鋭《しんしんきえい》の信長のことを噂に聞いて、どんな男なのかを知りたくなった。

尾張の生まれの天沢《てんたく》という天台宗《てんだいしゅう》の僧が、甲斐を通って関東に向かっていたところ、たまたま信玄から信長のことを尋ねられた。天沢は、信長が毎朝馬に乗ることや、鷹狩りが好きで、弓や鉄砲の稽古を熱心にしていること、そして幸若舞《こうわかまい》が趣味で、中でも『敦盛《あつもり》』が大好きであることなどを告げた。

信玄は天沢の話から信長が戦上手であり、油断ならぬ武将であることを直感した。

しかし、この頃の信玄は謙信との戦いで手いっぱいだったので、一五六五年に信長と同盟を結んで、しばらくは直接対決を避けていた。

信玄が信長に出した手紙に、冗談で**「天台座主沙門信玄《てんだいざすしゃもん》」**と署名したことがあった。それをもらった信長は、「信玄が天台宗の上首《じょうしゅ》を名乗るなら、オレ様は仏教をぶち壊す魔王だ」と考え、**「第六天魔王信長」**の署名で信玄に手紙を返している。「第六天魔王」は別名「他化自在天《たけじざいてん》」と呼ばれ、「すべての生命の快楽を自由に奪い、それを自分の快楽と化すことができる存在」のことで、仏道修行を妨げる魔王のことを指す。信長らしいブラックジョークだが、的を射ているところが怖い。

その後、信長と清洲同盟を結んでいた家康が信玄と敵対関係になってしまった。信玄とも同盟を結んでいた信長は、なんとか戦いを避けたかったが、信玄が将軍義昭の発した「織田信長討伐令」を機に「信長包囲網」に加わり、信長との同盟を破棄した。大軍を率いて西進した信玄は、「三方ヶ原の戦い」で家康に貫禄《かんろく》の勝利を果たしたものの、病魔に冒《おか》され無念の死を遂げた。享年五十三。

信玄がもっと長生きしていたら、その後の歴史は変わっていただろう。

武田軍、満を持して出陣！　長篠城を包囲！

明智城と高天神城を攻め落とした勝頼は、父信玄の三回忌法要を終えると、満を持し出陣して、家康方の長篠城（現・愛知県新城市《しんしろ》）を包囲した。

城主奥平信昌《おくだいらのぶまさ》の手勢はわずか五百にすぎなかったが、信昌とその部下たちが奮戦してなかなか落城しなかった。しかし、敵の火矢で兵糧倉が焼失して、あと半月も食糧が持たないという緊急事態に直面した。

信昌は家康のいる岡崎城《おかざき》へ使者を送り援軍を要請しようと思ったが、武田軍が城を取り囲んでいて蟻《あり》の這い出る隙もない状態だ。その時、**「殿、この役は私にお任せください」と言って進み出たのが、足軽の鳥居強右衛門《とりいすねえもん》**だった。

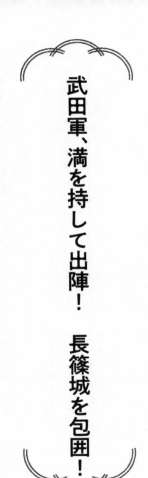

強右衛門は下帯《したおび》一つの姿になり、下水口の中を潜《もぐ》って城の外に出ると、武田勢に見つからぬよう夜陰《やいん》に紛《まぎ》れて敵の包囲網を突破し、無事に岡崎城に到着した。そこには、ちょうど援軍を率いて到着していた信長が家康と共にいた。

強右衛門が長篠城の状態を告げると、信長が「命を投げ打って囲みを突破してきたとは、まことにあっぱれ。我らは明朝出立《しゅったつ》するゆえ、そなたはしばらく休まれよ」とねぎらったが、強右衛門は、援軍が来ることを城内の味方に一刻も早く伝えたいと言って、飯も食わずそのまま引き返した。

強右衛門は、往復約百キロメートルの山道をひた走りに走って、長篠城へ引き返した。しかし、城の中に入る直前に敵に見つかり捕まってしまった。

織田・徳川の連合軍約四万がやって来ることを強右衛門から聞いた勝頼は青ざめた。そこで「『援軍は来ない。諦めて城を明け渡されよ』と嘘をついてくれ、領地を与えて家来にするから」と頼むと、強右衛門はそれを承諾した……。

そして、長篠城の石垣の下まで連れていかれた強右衛門は、大声で叫んだ。

「よく聞かれよ。信長様は、あと二、三日で大軍を率いて長篠においでになる。

それまでがんばって城を守ってくだされよ」

そう、強右衛門は勝頼の頼みを承諾したフリをして、このワンチャンスに賭けたのだ。これを聞いた**勝頼は部下に命じてその場で磔にして強右衛門を殺させた。**「敵ながらあっぱれ!!」と思って助けようと考えた武田側の武将もいたが、怒り心頭《しんとう》の勝頼はそれを無視して磔を命じた。のちに部下たちに離反される勝頼の小物《こもの》ぶりが表れているような気がする……。

回 織田・徳川連合軍、岡崎城を出発して長篠へ

一方、強右衛門の決死の叫びを聞いた長篠城の信昌と城兵たちは、あと二、三日持ちこたえれば援軍が来ることを知って勇気百倍、武田軍の猛攻をしのいで城を守り通した。

援軍を約束した信長と家康は、強右衛門から知らせを受けた翌朝には岡崎城を出発し、急いで長篠へと向かった。

実はこの戦いの前、信長が熱田神宮《あつたじんぐう》に戦勝の祈りを捧《ささ》げていると、ガチャンガチャンと轡《くつわ》（馬具）の音が聞こえた。十五年前、「桶狭間の戦い」に向かう前に参拝《さんぱい》した時にも鎧の音がガチャガチャと聞こえていたのを思い出した信長は、**「きっと今回も勝ち戦になるに違いない」と確信**し、本殿を伏《ふ》し拝《おが》んだ。

信長は家康の八千の軍勢と合わせて岡崎城を出発すると、長篠城の西、設楽原《したらがはら》（志《し》多羅《たら》）に布陣《ふじん》し、家康に向かってこう言った。

「武田勝頼方の者どもを練雲雀《ねりひばり》のようにしてみせよう。徳川殿は諸事お構いなく、いっさい我らにお任せください」

「練雲雀」というのは、「（旧暦）六月頃の、毛の抜け替わったばかりで、あまり速く飛べない雲雀」のことで、鷹などの餌食《えじき》になりやすい。信長は、戦国最強と謳《うた》われた武田（騎馬）軍団を自らの餌食にしてみせる、と自信満々に家康に語ったのだ。その「秘策」が信長にはあった。

長篠の戦い
——画期的「新戦法」でその名を天下に轟かす！

織田信長率いる
鉄砲隊&馬防柵
来るなら来てみろ!!
VS
いけ————!!
武田勝頼率いる
戦国最強の騎馬軍団
ダダダ
んなアホな
負けた〜！
ひ
パン
ぎゃっ
パン
ヒヒーン
パン
ボク、することないな〜
徳川家康
楽勝だぜ！

設楽郷は一段低い窪地なので、敵方に見えないように三万の兵を隠し置いた。

『信長公記』にはこう書かれている。信長は武田軍をおびき寄せ、長篠城の西に流れている寒狭川《かんさがわ》（滝沢川）を渡河させたところで主力決戦を挑み、一気に叩き潰す作戦だった。

一方、**勝頼は信長の作戦を見抜くことができず、まんまと引っかかった。**それどころか、「織田・徳川軍は士気《しき》が低下しているようだ。ここは敵陣に攻め込んで壊滅させるチャンスだ」と、勝つ気百万パーセントの手紙を家臣に宛てて書いている。

勝頼は、織田・徳川の撃滅《げきめつ》を期して長篠城の手前にある寒狭川を渡った。兵力は一万五千。対して織田軍は、長篠城を包囲する武田軍を奇襲するために発していた精鋭四千の別部隊が武田勢を追い払って入城し、城内の味方と合流。孤立していた長篠城を救うことに成功して敵陣に火を放った。

これにより**勝頼は織田軍に挟撃される形となり、退却という選択肢はなくなって前進するしかなくなった。**信長は「してやったり」と思ったに違いない。勝頼がどんど

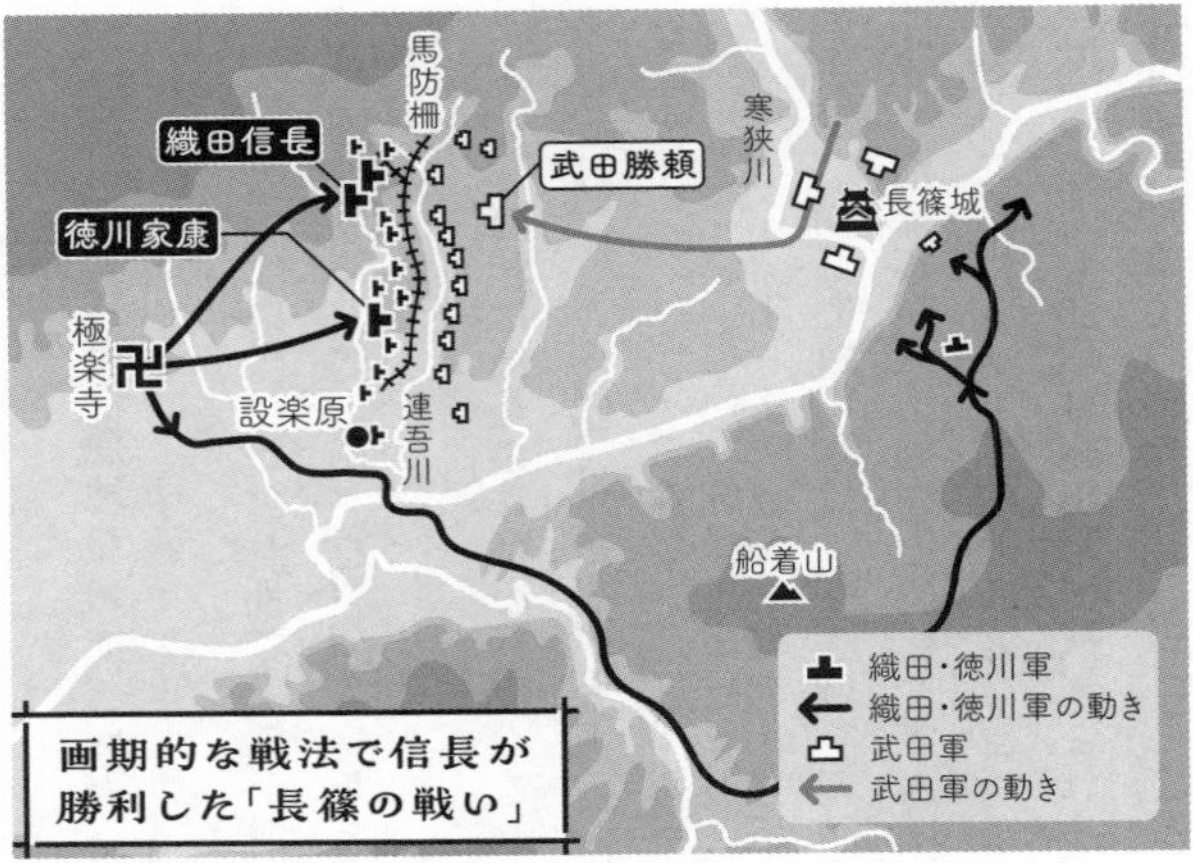

画期的な戦法で信長が勝利した「長篠の戦い」

ん前進してきて、ついに敵味方両軍の間が二十町《ちょう》（約二・二キロメートル）にまで近づいた時、信長は、

「武田勢が川を後ろにしてこれほど近くに布陣しているのは天の恵み。ことごとく討ち取るべし」

と喜び勇《いさ》んで、味方からは一人の被害も出さぬように念入りに策を練った。

回 武田の「最強騎馬軍団」を鉄砲で撃退！

一五七五年五月二十一日朝、戦国の合戦

の中でも、**画期的な意味を持つ「長篠の戦い（長篠・設楽原の戦い）」**が始まった。

信長は小高い高松山《たかまつやま》に登って敵の動きを見、自分が命令したら出撃するようにと全軍に厳命した。

信長は鉄砲隊千人ほどを選抜し、佐々成政《さっさなりまさ》や前田利家らに指揮をとらせた。まず、敵陣近くまで足軽《あしがる》部隊に攻めかからせて敵方を挑発すると、武田軍の**一番手**が太鼓を打ち鳴らして攻め寄せてきた。そこを鉄砲で散々に撃ち立てて退却させた。

武田軍はすかさず**二番手**に入れ替わって攻めてきたが、織田軍の足軽隊は敵がかかってきたら退き、敵が退いたら挑発して引き付け、そこに鉄砲を撃ち込んだ。二番手も半数以上が撃たれて退却した。

さらに**三番手**が攻めかかってきた。今度は騎馬で突撃してきた。戦国最強といわれた武田の騎馬軍団に対して、織田軍は楯《たて》に身を隠して引き付けて鉄砲隊に撃たせ、これまた武田軍は過半数が倒れて撤退した。**四番手**に対しても同様の作戦を取った。攻めかかってきた武田軍に対して、織田軍は一隊も出撃させず、鉄砲だけで撃退した。**五番手**も同じだ。鉄砲隊で撃ち払うと敵の大多数が倒れて退いた。

回「信長の野望」を前に勝頼、あえなく撤退！

こうして五月二十一日の明け方から未《ひつじ》の刻（午後二時頃）まで、信長は鉄砲隊を入れ替わり立ち替わりさせて戦った。**武田方の波状攻撃は実らず、いたずらに犠牲者を増やすばかりだった。**諸隊の敗残兵は勝頼の本陣へ逃げ戻り戦況を報告したが、それを聞く勝頼の顔色はみるみる青ざめていった。戦前の百万パーセントの自信はどこへやら……。

『信長公記』を見ると、織田・徳川軍のほうは主だった武将の戦死者が記されていないのに対し、武田軍の戦死者は譜代《ふだい》家老をはじめ、重臣や名だたる武将たちの名が多数記されている。

ついに武田軍は退却を開始した。勝頼はわずか数百の旗本に守られながら後退した。信長はその機を逃さず、すぐさま追撃を命じた。

武田軍の撤退ルートは隘路《あいろ》だったために、織田・徳川軍にさんざん追い撃ちされ、さらに多くの将兵と雑兵一万ほどが討ち取られた。また山に逃げ延びて飢え死にした者、川に落とされて溺死した者は数限りなかった。

勝頼は秘伝の愛馬を虎口《こぐち》（陣の出入り口）で乗り損じ、捨てた。乗り心地のよい名馬だと聞いた信長は、この馬を自分のものにした。家康は合戦の勢いのまま駿河《するが》へ侵攻し、各所を焼き払ったのちに帰陣した。信長は、三河《みかわ》と遠江《とおとうみ》の支配を家康に任せた。家康は二つの国を治める大名として勢力を拡大したのだった。

ちなみに非業《ひごう》の死を遂げた強右衛門の忠義心に感銘を受けた信長は、立派な墓を建てさせている。「戦国の走れメロス」こと鳥居強右衛門は、死して名と墓を残した。

コラム

「鉄砲三千挺・三段撃ち」は本当にあったのか？

「長篠の戦い」の勝因は、なんといっても鉄砲にあった。

『（甫庵《ほあん》）信長記』によると、信長の鉄砲隊は、整然と揃った最前列の兵千人が鉄砲でまず敵を撃ち、その間に二列目、三列目の兵が弾の装塡《そうてん》と火薬の注入を行う。そして、最初に撃った兵が最前列に復帰した時には準備の終わった鉄砲で再び撃つ――ということを繰り返す**「三千挺・三段撃ち」**で、**「連射」を可能にした**という。

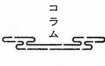

当時、火縄《ひなわ》式の鉄砲は標準的なもので長さ約百二十センチメートル、重さは約四キログラム。縄に火をつけ火薬に引火させて弾を発射する仕組みになっていた。実用的な有効射程は約百メートル。従来の飛び道具である弓の有効射程が約五十メートルだったので、倍の距離を飛ぶ新兵器だった。

ちなみに「源平合戦」において、弓の名手那須与一《なすのよいち》が平家の軍船に掲げられた扇の的を射抜く有名な話があるが、与一から扇までの距離は「七、八段」（約七十七〜八十八メートル）と『平家物語』には書かれている。波に揺れる船の上の的、という悪条件も加えると、見事に的を射抜いた与一に対して、敵味方の区別なく拍手喝采したのもうなずけるところだ。

火縄銃は連射が利かないため主要な武器だと認識されていなかったが、信長は「三千挺・三段撃ち」によってその弱点を克服したという。ただ、**『(甫庵)信長記』の記述は信憑性《しんぴょうせい》が低く、「三千挺・三段撃ち」は現実には不可能**だったとされる。

『(甫庵)信長記』によると、信長の用意した鉄砲の数はなんと三千挺だが、『信長公記』では千挺とあり、別部隊の奇襲に携行された五百挺と合わせても千五百挺。これだけでも十分多い数だが、果たして三千挺も用意できたかどうかはわからない。

信長はこうした鉄砲隊だけでなく、戦国最強の武田騎馬軍団対策として「**馬防柵**《ばぼうさく》」も設置した。「馬防柵」とは、戦場において敵軍の通過を防ぐ目的で設けられる柵で、信長は二十町（約二・二キロメートル）にわたって二重、三重の馬防柵を設置し、その後ろに鉄砲隊を配置して万全を期した。

信長は合戦を冷静に分析し、戦況に応じた武器を用意することに長《た》けていた。特に

鉄砲に目を付けた時期は、他の戦国大名の中でもずば抜けて早い。

種子島《たねがしま》（現・鹿児島県）へ鉄砲が伝来したのは、一五四三年、信長が十歳の時だ。中国商人の船が暴風雨に遭って種子島に漂着《ひょうちゃく》した。その船に乗っていたポルトガル人の火縄銃を、種子島領主の種子島時堯《ときたか》が二挺買い取った。時堯は買い取った火縄銃を職人に研究させて、その複製に成功した。時は戦国の世、この新兵器はすぐに広まった。

当時の日本の刀鍛冶《かたなかじ》の技術は優れていて、平戸《ひらど》（現・長崎県平戸市）や堺《さかい》などで鉄砲の生産が進んだ。**信長は十六歳の頃、早くも橋本一巴《はしもといっぱ》に射撃術を習い、二十歳頃に鉄砲隊を編成している。**

そして、南蛮《なんばん》や中国への貿易ルートを独自に持ち、鉄砲・火薬の輸入窓口というばかりでなく、国産鉄砲の生産地でもあった自由都市の堺を直轄地として手に入れた。

「長篠の戦い」において、鉄砲隊を組織し、最強と謳われた武田軍一万五千をその餌食にしたのは必然だった。固定観念を持たず新しい武器を導入する柔軟な発想と、大胆な行動力を信長は持っていたといえるだろう。

4章

豪華絢爛、安土城！「近江を制する者は天下を制す」

……経済ウハウハ、部下にも恵まれ「向かうところ敵なし」!?

楽市楽座、関所の廃止──信長の「冴えわたる眼力」！

「信長包囲網」は全部崩したよ～
信玄も死んじゃって息子の勝頼なんて敵じゃないし
天下一のお城安土城も造っちゃうよ～～
天下布武まであと一歩!!
信長様がんばれ～
フレー フレー
羽柴秀吉

一五七五年五月の「長篠《ながしの》の戦い」に完勝した信長は、その年の十一月、権大納言《ごんだいなごん》に任じられた。宮中に参内《さんだい》して天皇より盃を頂戴《ちょうだい》した信長は右大将《うだいしょう》に兼ねて任じられた。

信長は、尾張《おわり》と美濃《みの》の支配を嫡男の信忠《のぶただ》に譲り、自らは「天下人」への道を進んでいく。信長は前年暮れに、国々に道路を作るよう通達した。以前に関所を撤廃したことと相まって、交通は楽で便利になり、庶民の暮らしは安定した。一国の支配にとどまらず、天下人としての政治力を次第に発揮していく信長だった。「オレ様の才能は戦に勝つだけじゃないぞ」という信長の声が聞こえるようだ。

一方で、信長は中世の権門の一つ、寺家《じけ》（寺社）勢力と戦わなければならなかった。寺家は公家《くげ》（朝廷）とウィンウィンの関係を築いて勢力を拡大してきた。さらに、南都北嶺《なんとほくれい》（興福寺《こうふくじ》・延暦寺《えんりゃくじ》）のように武力さえ持つようになっていた。

「寺家をつぶさなければ『天下布武《てんかふぶ》』はできぬ」

各地の一向一揆《いっこういっき》や石山本願寺《いしやまほんがんじ》との戦いで、痛いほど「宗教」の強さと怖さを認識した信長は、寺家の力を削がなければ「天下布武」を達成できないことはわかっていた。

信長は、**武力で勝つのではなく、寺家の経済的な基盤《きばん》を失わせていく手段**を取った。まず、自領を拡大させると領内の関所をすべて廃止していった。関所は領国の境の警備という役割を担っている面もあったが、それはあくまで建前で、本音のところは公家や寺家、土着領主など旧勢力の財政基盤となっていた。

例えば当時の「伊勢参道《いせさんどう》」の四里（約十六キロメートル）には、なんと関所が六十もあった。関所一カ所あたりの関銭《せきせん》は、安くて十文。関所を全部通ろうとすると、今のお金に直して五千〜六千円もの関銭がかかることになる。なかなかに高い。

しかし**信長が関所を廃止したため、関所の権利者の収入は激減し、寺家をはじめとする旧勢力には大きな打撃となった。**

また、一五七六年に信長の発した最初の「楽市楽座令《らくいちらくざれい》」は中世の座（同業組合）の独占販売などの特権を奪い、新規参入を促すとともに、寺家や領主が得ていた上納金《じょうのうきん》（ヤクザじゃのう）を失わせた。ちなみに「楽市楽座」は、信長よりも前の一五四九年に近江石寺《おうみいしでら》（現・滋賀県近江八幡市）で六角《ろっかく》氏が、一五六六年に駿河富士大宮《するがふじおおみや》（現・静岡県富士宮市《ふじのみや》）で今川《いまがわ》氏が行っている。これらの先行事例が成功しているのを知った信長が、うまくパクったといえる。

回 天下人にふさわしい地——それは近江だ！

一五七六年、信長は四十三歳。「天下人」への道を進む信長は、岐阜にいたのでは日本全体に睨みを利かせることができないと考え、京に近い近江の安土山《あづちやま》（現・滋賀県近江八幡市）に城を築こうと思い立った。**「近江を制する者は天下を制す」**といわれたほど、当時の近江は重要な土地だった。

一五七六年正月半ば、築城を開始するよう丹羽長秀《にわながひで》に命じた。長秀は諸所から集めた大石を千人、二千人、あるいは三千人がかりで安土山に引き上げた。『信長公記』に記されている安土城天主《てんしゅ》（一般的には「天守」。牛一《ぎゅういち》が「天主」と記しているので、安土城は慣例的に「天主」と表記される）の様子を記すと、

・石蔵の高さは十二間（約二十二メートル）。石蔵は倉庫として使い、ここが一階となる。その上の七階までが天主であった。

・座敷内部は一面が布貼りで黒漆《くろうるし》が塗られ、絵にはすべて金箔が貼ってあった。
・安土城は深山《みやま》に高々とそびえ立ち、城への大手《おおて》道《みち》沿いには多くの邸宅《ていたく》が甍《いらか》を連ねていた。
・西から北は琵琶湖《びわこ》が広がり、南は村々の田畑が続き、東には観音寺《かんのんじ》山《やま》がある。四方に景勝地《けいしょうち》が多く京都を模したようだった。

信長の「権力の象徴」である安土城。
写真は 1/20 スケールの天主復元模型

約三年の月日をかけて、標高約二百メートルの安土山の頂上に安土城が完成すると、信長は岐阜《ぎふ》城から移転した。**琵琶湖を見下ろすその城は、朝日夕日に照らされて、その荘厳さ、美しさはたとえようもなかった。**

また、石垣の土台の上に巨大

な天主を載せた日本で初めての城であり、その後は安土城をモデルとした城が全国に広がっていった、という点でも特筆される。

安土城は権力の象徴であると同時に、織田政権の政治の中枢部でもあった。「関所の廃止」「楽市楽座」などの先進的な経済政策は、この城から打ち出していった。また、安土山の城の曲輪《くるわ》※には重臣たちの住まいがあり、山麓《さんろく》には商工業者を集めた城下町が形成されていった。

※「曲輪」……城の中に造られた一つの区画。外部とは土塁・石垣・堀などで区切られた。

回 自ら「神」になって仏教界に大圧力！

内大臣に昇進した信長は、安土城の天主最上階（瓦《かわら》も内部の壁も金ピカ!!）から四方を見下ろしながら、これまでの数々の戦いを思い起こしていた。

今川義元《いまがわよしもと》との「桶狭間《おけはざま》の戦い」、朝倉義景《あさくらよしかげ》との「一乗谷城《いちじょうだに》の戦い」、さらには「比叡《ひえい》山《ざん》焼き討ち」や「一向一揆との戦い」も……。

信長は、安土城の中に三門・三重塔・本堂などを有する摠見寺《そうけんじ》という大きな寺を建《こん》立《りゅう》した。信長が仏教徒になって菩提を弔うために建てたのではない。その逆だ。自らが神になることを信長は思いついたのだ。

ルイス・フロイスの『日本史』（164ページ参照）によれば、信長は盆山《ぼんさん》という石をご神体《しんたい》として置き、自分の誕生日には人々に参詣させ拝むよう命令した。摠見寺に掲げられた高札《こうさつ》には次のような内容が書かれていたという。

・富む者が礼拝《らいはい》に来ればますます豊かになり、貧しき者が来れば富裕の身になる
・病はたちまち治って八十歳まで長生きできる
・希望は叶えられ、健康と平和を得られる
・相続する者が生まれ、子孫が繁栄する

そして、高札の最後にはこう書かれていた。

「以上のことをすべて信じる者には必ず約束は叶えられるが、信じない邪悪《じゃあく》の徒は現世においても来世においても滅亡してしまうだろう」

脅しに近い文句だ……。さらにフロイスは、こう書いている。

「信長自らがご神体である。生きた神仏である」

信長は宗教勢力が世俗において力を持つことを恐れ、その裏返しとして自らが祀《まつ》られる神となることで、仏教界へ圧力をかけたかったのだろう。

しかし一五八二年、信長が「本能寺《ほんのうじ》の変」で横死すると、その混乱の最中、**原因不明の火事で安土城は完全に焼失してしまった。**完成からわずか三年。数奇な運命をたどった城だったといえる。

摠見寺はその火事の際にも焼け残ったが、幕末の一八五四年の火災により本堂などを焼失し、今は三重塔、二王門《におう》（いずれも重要文化財）と礎石《そせき》が残っているだけだ。

ついに神にはなれなかった信長だが、一八六九年、明治天皇の御下命《ごかめい》により、信長を祀る「建勲《たけいさお》神社」（一般的には「けんくん」神社。現・京都市北区）が創建されている。

コラム

ルイス・フロイスの『日本史』

ポルトガル王国のリスボンで一五三二年に生まれたルイス・フロイスは、三十一歳の時、イエズス会の宣教師として戦国時代の日本にやって来た。横瀬浦《よこせうら》（現・長崎県西海市《さいかい》）に上陸したフロイスは、**一五六九年、京の二条《にじょう》新御所の建築現場で信長と初めて対面**している。

フロイスの書いた『日本史』によると、その時の信長は、「粗末な作業着に『虎皮』を腰に巻いて（今ならタイガースファン!?）、『かんな』を手にして作業を指図した」とあり、自ら現場の指揮をしていたようだ。

信長がフロイスに来日した動機を尋ねると、「デウスのおぼしめしに添いたいという望みの他、なんら現世的な利益を求めることはありません」と答えた。それを聞いた信長は我が意を得たりと感動し、「それにひきかえ――」と、群衆の中にいた僧侶たちに向かって「お前らは偽善者だ!!」と叫んだという。

信長は、フロイスの無私の宗教心が気に入って畿内《きない》での布教を許可したが、その裏には、宣教師たちが身に付けていた高い文化や学問を取り入れる目的もあった。

フロイスによると、信長は早寝早起きで酒を好まず食を節するなど、極めて健康的な生活を送っていたようだ。**声は甲高《かんだか》く、平素は穏やかだが時に激昂《げっこう》することもあったと**記されている。

信長の癇癪《かんしゃく》ぶりを伝えるエピソードとしては、「工事中に貴婦人にちょっかいを出した作業員を見つけた信長が、激昂してその場で自らその首を刎《は》ねた」と『日本史』に記されている（マジで怖い）。また信長は家臣の言葉にはまったく耳を貸さなかった（笑）が、家臣から畏敬《いけい》の念を抱かれ、恐れられていたとも記されている。

フロイスは信長を「よき理解力と明晰《めいせき》な判断力を具えた優れた人物」と評価し、「**天下人としてふさわしい」と大絶賛している**が、フロイスにとってキリスト教を擁護《ようご》してくれる人は「善」であり、それ以外の者はすべて「悪」（仏教や神道《しんとう》を「悪魔の宗教」とののしっている）なので、この信長評はある程度割り引く必要はあるだろう。

コラム

信長がハマった茶の湯

一五七五年十月二十八日、信長は京や堺の茶人十七人を招いて、二条衣棚《ころものたな》（現・京都市中京区《なかぎょう》）にあった妙覚寺《みょうかくじ》（現在の妙覚寺は京都市上京区《かみぎょう》）で茶の湯を催した。**茶頭《さどう》は千利休《せんのりきゅう》**が務め、それぞれ一生の思い出になるような素晴らしい茶会だった。

ちなみにこの妙覚寺は信長の義弟（斎藤道三《さいとうどうさん》の四男）が貫首《かんしゅ》をしていた。その関係で、信長が京へ滞在する時はほぼ妙覚寺を宿所《しゅくしょ》としている。二十数回中十八回は妙覚寺で、本能寺に滞在したのは三回にすぎない（そこで光秀《みつひで》に襲撃されるとは……）。

信長が茶の湯にはまったのは一五六八年に足利義昭《あしかがよしあき》を奉じて上洛した時にさかのぼる。機を見るに敏《びん》な**松永久秀《まつながひさひで》が信長に近づき、恭順《きょうじゅん》の証として茶の大名物《おおめいぶつ》といわれた「九十九髪茄子《つくもかみなす》（付藻茄子《つくもなす》）」を献上した**ことがきっかけだった。

この大名物を見た信長は一目惚《ぼ》れするとともに、天下の名物を所有することが高い権力の象徴になると考えた。富と権力を持つだけでは本当の天下人ではない。真の文化人たることも必要だと認識した。

80ページのコラムで書いたように、信長は松井友閑《まついゆうかん》などに命じて天下の名物茶道具を蒐集させた。そして、その「名物狩り」(「茶道具狂い」とも……)で集めた自慢の茶道具を披露するための茶会を何度も開いた。

また信長は、集めた名物を功のあった部下に惜しげもなく与えている。

例えば柴田勝家《しばたかついえ》が越前《えちぜん》の一向一揆を平定した時は、茶釜《ちやがま》の名物「姥《うば》口《くち》(姥口)」を与えた。秀吉《ひでよし》も、数々の手柄を立てた褒美《ほうび》として秘蔵の茶釜の名物「乙御前《おとごぜ》」と、茶の湯を催す許可までもらって、大喜びしている。のちに秀吉が「黄金の茶室」を作ったのも、信長の影響が大きいだろう。

しかし、**信長が蒐集した天下無双の名物茶器の多くは、その命を信長と共にした。**「本能寺の変」の前日に行われた茶会(212ページ参照)の時に披露された三十八点の名物は、すべて焼失してしまった。もったいないこと、この上ない!!

意外!?「越後の龍」にゴマをする信長

あのさ～謙信
このビロードのマントとか
洛中洛外図屏風あげるから
味方になってよ！
賄賂なんかで
ごまかされんぞ！
信長よ！
いざ戦わ…うっ！
『義』を大切にしてる
上杉謙信
義
謙信、酒の飲みすぎで
死亡
酒

外交政策として「遠交近攻策」を取る信長は、「越後《えちご》の龍」と呼ばれた強豪上杉謙《うえすぎけん》信《しん》に取り入るのが早かった。一五六四年には、息子を謙信の養子に入れることを懇願《こんがん》する書状に、「まことに名誉の限りでございます。今後ともよろしくご指南くださいませ」と記すなど、低姿勢を超えてゴマすり状態だった（しかし結局、養子の話は立ち消えとなった）。

それから十年。一五七四年に、**上杉謙信に「洛中洛外図屏風《らくちゅうらくがいずびょうぶ》」という屏風絵を贈った**。この六曲一双《いっそう》の屏風に描かれているのは、祇園会《ぎおんえ》（現在の祇園祭）で賑《にぎ》わう京の街の様子や、御所、清水寺、東寺、公方《くぼう》邸などの景観、そして総勢約二千五百人もの人物だ。一隻《いっせき》は縦約百六十センチメートル、横約三百六十五センチメートルの大きな屏風（それが二隻＝一双）に、京を丸ごと写し取った大傑作だ（現在、国宝）。

これは室町《むろまち》幕府十三代将軍足利義輝《あしかがよしてる》が**狩野永徳《かのうえいとく》**に発注したもので、謙信に管領《かんれい》（将軍に次ぐ職）に就任してもらうための上洛を促す贈り物だった。ところが義輝が三好《みよし》三人衆《さんにんしゅう》らによって襲われ、非業の死を遂げた結果（74ページ参照）、完成した屏風絵は、謙信に贈られることなく永徳のもとに留め置かれていた。

義昭を奉じて上洛したあと、この「洛中洛外図屏風」のことを知った信長は、謙信にこの屏風を贈った。実はこの屏風絵の中に描かれている**「輿に乗って御所へ向かっている人物」は謙信**だといわれている。

この屏風を贈った信長の意図は、同盟を結びたい謙信に対してのご機嫌取りという可能性が最も高い。一方で、将軍のかつていた場所に今いるのはこの信長であることを告げ、「来るなら来てみろ!!」という大胆な挑戦状とも取れる。

また、「赤地《あかじ》牡丹《ぼたん》唐草文《からくさもん》天鵞絨《びろうど》洋套《ようとう》」という、赤いビロードに唐草文様が織り出されているポルトガル製のマントも贈っている。信長は南蛮渡来の珍しいものが好きで、自身もビロードのマント（外套《がいとう》）や山高《やまたか》帽子を身に着けていたことが記録されている。

回「信長包囲網」に加わり、謙信、進軍！

一五七一年に北条氏康《ほうじょううじやす》、一五七三年に武田《たけだ》信玄《しんげん》が亡くなり、関東の脅威が完全になくなった上杉謙信は、これまで対立していた一向宗本山の石山本願寺と和解した。

「越後の龍」と呼ばれ、軍神並みの強さを発揮する謙信も、気づけば不惑《ふわく》の四十歳をとうに超えていた。ちなみに謙信は生涯に何度も名前を変えているが、最後の名となる「謙信」と称するようになったのは、出家した一五七〇年、四十一歳の時からだった。

そんな折、信長によって京を追放された将軍義昭が、再び反信長勢力の結集を呼びかけた。「義」を守り、領土拡大よりも関東管領（室町幕府の要職）としての職務を全うしてきた謙信だったが、**やりたい放題の信長に対して、ついに牙《きば》を剝《む》く。**信長より四歳年上の謙信としては、「なめるな、こわっぱ!!」という気持ちだったのだろう。

謙信は**「信長包囲網」に加わり、進軍を開始**、能登《のと》（現・石川県北部）へと兵を進めた。一五七七年、難攻不落といわれた能登国の守護・畠山《はたけやま》氏の七尾《ななお》城（現・石川県七尾市）を攻めるが、なかなか落ちない。しかも、織田の援軍がもうじきやって来るとの報が入った。

謙信は城内にいる親謙信派に手紙を送って反乱を起こさせ、その混乱に乗じて城門を開けさせた。待ち受けていた謙信たち上杉軍がどっと乱入し、ついに**難攻不落の七尾城を制圧**した。

回「手取川の戦い」で織田軍に大勝利も、謙信まさかの死去

一方、七尾城に向かう織田の援軍は、**大将の勝家と秀吉とが戦術の相違で喧嘩し、秀吉率いる部隊が信長の許可も得ず離脱**するなど、もたもたしているうちに七尾城が陥落してしまった（のちに対決する二人だが、すでにこの頃から不仲だったのじゃ）。これを知った信長は激怒し、秀吉は進退窮《きわ》まっている。

上杉軍は七尾城を陥落させるや織田軍の接近を知り、すぐさま七尾城を出撃して手《て》取川《どりがわ》付近（現・石川県白山市《はくさん》）で待ち伏せをした。折しも雨が降り、勝家は接近していた上杉軍に気づくのが遅れた。

やがて雨が止み、上杉軍の存在に気づいた勝家は、形勢不利と見て全軍に退却を命じたが、時すでに遅し。上杉軍に背後から襲われたうえに、重い装備のまま増水した手取川を渡って退却することとなったため、織田軍は混乱し、川で溺れる者が続出した（甲冑《かっちゅう》を着けたまま泳ぐ「古式泳法」はまだ確立されていなかった。残念無念じゃ）。この合戦を詠んだ落首が残されている。

上杉に　逢《お》うては織田も　名取川《なとりがわ》　はねる謙信　逃ぐるとぶ長

「名取川」というのは「手取川」のこと、「とぶ長」は信長のことだが、勢いよく追撃する上杉勢の様子を「はねる」、飛ぶように逃げる織田勢の様子を「とぶ」と表現している。

難攻不落の七尾城が落ちたことによって、畠山勢の他の城も次々と降伏していった。これで能登は謙信の支配下となった。越後、越中《えっちゅう》（現・富山県）、能登を手に入れ、さらに石山本願寺と講和した謙信には、一向一揆の心配もない。

「京を目指し、信長と雌雄《しゆう》を決するのだ!!」——謙信は意気軒昂《いきけんこう》に宣言した。ところが、その準備をしている最中、謙信は倒れ、帰らぬ人となった。うーん、謙信、もったいない。

ちなみに、『信長公記』は織田信長の一代記であるため、信長にとって不都合なこの戦のことはここまで詳しくは書かれていない。印象操作とはこういうことじゃのう。

コラム

「越後の龍」と呼ばれた上杉謙信

上杉謙信は、越後の守護上杉家に仕える守護代の長尾為景《ながおためかげ》の子として生まれた。父が隠居し、兄の晴景《はるかげ》が長尾氏を継いだので、謙信は寺に預けられた。そのまま僧侶になるのかと思いきや、父が亡くなり、兄の力だけでは豪族たちの力を抑え切れず、謙信は寺から呼び戻された。

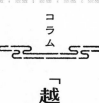

寺で戦ごっこばかりやっていたのが功を奏したのか、十四歳の謙信は家臣たちを指揮して豪族たちを次々に倒し、越後の内乱を収めた。まさに「**軍神**」、**のちに「越後の龍（虎）」と呼ばれる才能を存分に発揮した。**

その後、上杉憲政《のりまさ》の養子となり、上杉氏が世襲していた関東管領職を引き継いだ。謙信の戦いは単なる領土拡大ではなく、「義」に基づいた戦いだった。室町幕府の要職である関東管領として、人から頼まれれば嫌とは言わず、関東に平穏をもたらすために戦うのだと、こだわり続けた謙信だった。

「敵に塩を送る」という伝説が作られたのも頷《うなず》けるところだ。

内陸国甲斐《かい》の領主武田信玄は、国内では塩や魚介類が自給できないため、同盟を結んでいた今川氏の領国である駿河《するが》からそれらを調達していた。ところが信玄が「甲相《こうそう》駿《すん》三国同盟」（56ページ参照）を一方的に破って今川氏の領国へと進出したので、これに怒った氏真《うじざね》が一五六七年六月、武田領内へ塩を送ることを禁じた。いわゆる「塩留《しおどめ》（塩止め）」だ。人が生きていくためには塩分は必須だ。信玄の領民たちは塩がないため健康被害が懸念される事態となった。

これを知った漢《おとこ》謙信が、「義を見てせざるは勇無《ゆうな》きなり」と、敵国武田の領民を救うべく塩を送った、という伝説から「敵に塩を送る」（＝苦境にある敵をあえて助ける）ということわざが生まれた（ただし、後世の創作ともされている）。

そんな**義に篤《あつ》い謙信の最期は……なんと酒の飲みすぎでの早死に**だった。謙信は大の酒好きで、馬上でも飲めるよう工夫された「馬上杯《ばじょうはい》」と呼ばれる杯《さかずき》を戦場に持ち込んでグビグビと酒を飲んでいた。その杯は、直径十二センチメートル、なんと三合は入る代物だ。

謙信の晩年の詩が残されている。

四十九年《しじゆうくねん》　一睡夢《いっすいのゆめ》　私の四十九年の人生は一睡の夢のようであり、
一期栄華《いちごのえいが》　一盃酒《いっぱいのさけ》　生涯の栄華は一杯の酒のようである。

一五七八年、謙信は関東への遠征の準備中に、居城の春日山城《かすがやま》（現・新潟県上越市）内の厠《かわや》で倒れ、その後意識が回復しないまま帰らぬ人となった。享年四十九。死因は脳溢血《のういっけつ》と推測されている。

謙信が亡くなると、養子の景勝《かげかつ》と景虎《かげとら》の間で跡継ぎ争いが起き、上杉家は混乱に陥った。実は**謙信は「生涯不犯《ふぼん》（妻帯《さいたい》禁制）」を貫いていた**ため、子供は全員養子だった。

その混乱の隙をついた信長に、能登と加賀《かが》を奪われてしまった（ズルいぞ信長!!　by泉下《せんか》の謙信）。

二度の謀反！　ヒール役・松永久秀、信長垂涎の茶釜と爆死！

どうせおいらは
ヒール役さ
んべっ
二度も信長を裏切った
唯一の男、松永久秀!!
主人も将軍も
殺して
オホホ
イエ〜
奈良の大仏様も
焼いちゃったよー
宝物はこれ！
「平蜘蛛の茶釜」！
いい仕事してるよね〜
信長に渡す
くらいなら
爆死!!
火薬を詰めて
心中だ〜〜！
ボカーン

謙信との「手取川の戦い」から一カ月後の一五七七年八月、松永久秀《まつながひさひで》による謀反があった。実はこの謀反は二回目のことだが、それは後述することにしよう。

松永久秀は「戦国三大梟雄《きようゆう》」の一人といわれる人物。「梟雄」というのは、「残忍で勇猛」という意味だが、要するに「極悪人」だ。「三大梟雄」とは、斎藤道三、宇喜多直家《うきたなおいえ》、そしてこの松永久秀といわれている。

道三の非道な下剋上ぶりは前述したとおりだが（32ページ参照）、直家は銃や毒を使って何人も暗殺している。そして松永久秀だが、江戸時代中期に成立した逸話集『常山紀談《じようざんきだん》』の中に、信長が久秀について語った「三つの悪事」の逸話が載っている。

久秀は常人では一つとして為せないことを三つもしておる。主家（三好家）を乗っ取り、将軍（足利義輝）を殺し、そして奈良の大仏を焼いた。まったく油断のならぬお人よ。

下剋上の世とはいえ、この三つの悪事の内容はすさまじい。信長が「油断ならぬ」といったのも頷ける。

梟雄・松永久秀の「三つの悪事」

1. 主君・三好長慶を亡き者にし、三好三人衆と共に**三好家を乗っ取り**！

2. “陰のフィクサー”として13代将軍**足利義輝を殺害**！

3. 三好三人衆との戦いで**東大寺に火をかけ**大仏の頭部焼失！

久秀はもともと三好長慶《ながよし》に右筆《ゆうひつ》として仕えていたが、その才能を認められて出世し、やがて三好家の重臣の一人となり、長慶と共に将軍義輝の側近を務めるまでになった。

久秀の梟雄ぶりは、まず三好家の乗っ取りから始まる。

・**久秀の悪行①**……全盛を極めていた長慶だが、弟と嫡男が立て続けに亡くなる不幸に見舞われる。これは**久秀による毒殺**ではないかともされている。さらに久秀の讒言《ざんげん》を信じて、もう一人の弟まで殺してしまった長慶は、心身に不調をきたして亡くなってしまう。主君を亡くした（殺した）久秀は、三好三人衆（75ページ参照）と共に**実**

質的に三好家を乗っ取った。

・久秀の悪行②……三好三人衆と久秀の嫡男の久通《ひさみち》は、大軍勢を率いて将軍義輝のもとへ攻め込み、**義輝を殺害した**（永禄《えいろく》の変）。実は**この事件の黒幕は久秀**だったといわれている。陰のフィクサーとして暗躍《あんやく》する久秀だ（お主もワルよのぉ）。

なお、剣聖塚原卜伝《つかはらぼくでん》から免許皆伝《かいでん》を受けた将軍義輝の戦い方は壮絶だった。畳に何本もの刀を突き立てておき、切れ味が落ちると刀を取り換えては敵を斬り、最終的に十数人を斬り伏せたという。その刀の中に「大般若長光《だいはんにゃながみつ》」という名刀があり、義輝から久秀が奪ったあと、信長に献上されている。

・久秀の悪行③……やがて主導権を巡って久秀と三好三人衆が対立を深めるようになり、ついに三好三人衆が久秀の本拠地である大和《やまと》に攻め入るが、これを先読みしていた久秀は東大寺に陣を張り、三人衆を奇襲して勝利した。この際、久秀軍が**東大寺に火をかけ、伽藍《がらん》や大仏の頭部などが焼失した**といわれている。

以上が信長の指摘した三つの大罪だが、すべて「冤罪《えんざい》」という説もあることを、久秀の名誉のために付け加えておこう。

回 大名物「九十九髪茄子」を献上！　信長に取り入る

久秀の運命を大きく変えたのは、信長との出会いだった。

信長が前将軍足利義輝の弟義昭を奉じて上洛した時、三好三人衆との対立に苦戦していた久秀は、いち早く信長に近づき、茶の大名物と称されていた「九十九髪茄子（付藻茄子）」を献上して、信長の心を摑んだ。実は久秀は武野紹鷗《たけのじようおう》に師事《しじ》していた茶人であり、また商業都市堺を支配していた関係から、多くの名物茶道具を所持していた。

戦国三大梟雄の一人松永久秀

久秀は信長が天下の名物を集めるのが趣味だと知り、所持していた名物を贈ることで信長に取り入った。

この作戦は当たった。贈り物に喜んだ信長は久秀の臣従を許し、三好三人衆を追放して畿内を平定、久秀には大和国の支配を任せた。久秀は信長より二十六歳も年上で、信長と出会った時にはすでに六十歳を超えていたが、さすが「亀の甲より年の劫《こう》」だ。

将軍になった義昭は、兄義輝の仇敵《きゅうてき》である久秀を罰するよう信長に命じたが、信長はこれをなだめて久秀を幕臣として義昭に仕えさせた。

久秀はただのゴマすり男ではなく、武将としての能力も高かったことは事実で、「金崎《かねがさき》の退き口」（85ページ参照）で窮地に陥った信長の撤退の手助けをしたり、一度は対立した三好三人衆と信長との和睦交渉をまとめたり、石山本願寺との戦いにも参戦するなど、その手腕を存分に発揮し、信長の信頼を得た。

回 天罰!?　爆死したのは「奈良の大仏に火をかけた日」

しかし、次第に信長との関係が悪化し、久秀は謀反を企てる**（謀反一回目）**。久秀は、武田信玄、朝倉義景、浅井長政《ながまさ》、三好三人衆など、義昭の呼びかけに応じた「信長包囲網」のメンバーたちと結託《けったく》し、信長に反旗を翻した。

しかし、信玄は遠征の途上で病死し、義景や長政、三好三人衆もそれぞれ信長に敗れ、義昭も京から追放されてしまった……久秀の読みは完全に外れた。**久秀は信長に降伏し、またもや名物を大量に献上して、命だけは助けてもらった。**

本来ならば殺されるところを運よく（というか本当に珍しく）信長に赦された久秀だったが、さすがに以前のような裁量は与えられず、これに不満を持った久秀は、再び信長への謀反を企てる。

今度は、遠国《おんごく》で反信長の動きを見せていた上杉謙信や毛利《もうり》輝元《てるもと》と共に、信長を討ち取ることを計画した。一五七七年八月、久秀は再び信長に反旗を翻した（**謀反二回目**）。

しかし、この謀反の計画は無謀だった。上杉謙信の軍は北陸から行軍するため、真冬は豪雪のため軍を進められず、毛利輝元は領土を守ることを本分としており、積極的に信長討伐に動かない……またも久秀の読みは外れたのだった。

これに対し、**信長は「古《こ》天明《てんみよう》平蜘蛛《ひらぐも》」**※**という名物の茶釜を差し出せば命を助けるという条件**を出した。実は信長はこの茶釜にご執心で、過去に何度も献上を迫ったが、久秀はこれだけは差し出さなかった逸品だ。今回も久秀はこの条件を拒否した。

交渉は決裂した……そこで信長はまず久秀から取っていた人質を京都で処刑させた。

その人質はまだ十二歳と十三歳の子供だった。

処刑場である京の六条河原《ろくじようがわら》まで引き出されたその若者二人は、顔色も変えず落ち着いて西に向かって手を合わせ、念仏を称えた。見物人はそれを見て涙が止まらなかったという。一方の久秀は、信貴山《しぎさん》城（現・奈良県生駒《いこま》郡）に籠城して戦ったが信長の嫡男信忠の軍に敗れた。死を覚悟した久秀は、

「この平蜘蛛の釜と我が首の二つを信長に差し出すことは決してせぬ‼」

と叫んで**平蜘蛛の茶釜に火薬を詰めて火を放ち、信貴山城の天守櫓《やぐら》ともども爆発させて亡《く》くなった**と伝わっている（壮絶すぎる死だ）。

奇しくも、松永久秀が爆死した十月十日は、十年前に奈良の大仏殿を焼いた日と同じ日だった。天罰が下ったのだと世の人は噂した。泉下の久秀も後世にここまで悪く言われるとは思っていなかったことだろう。

※「古天明平蜘蛛」……蜘蛛が這いつくばっているような形をしていたことから「平蜘蛛」の名が付いた。この名物は久秀が打ち砕いたとも、爆破させたとも伝わっているが、『信長公記』には「平蜘蛛茶釜」についての記述はない。

コラム

不死身の大名物「九十九髪茄子」

久秀が信長に取り入るために献上した大名物「九十九髪茄子《つくもかみなす》」とは、茶の湯で使われる抹茶を入れる陶磁器の「茶入《ちゃいれ》」のことだ。手のひらサイズの大きさ（高さ約六センチメートル、胴の幅約七センチメートル、廻り約二十三センチメートル）で、丸茄子に似た形をした渋いこげ茶色の壺にすぎない。

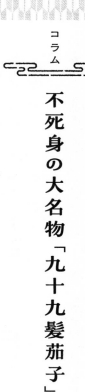

しかし戦国時代においては、これが**一国一城と同等の価値がある**とされていたのだから驚きだ。戦国大名にとって名物茶道具は富と権力の象徴であり、時に手柄を立てた部下に、領地の代わりに褒美として与える大切な品でもあった。

「天下一の名物」と称された「九十九髪茄子」を最初に所有したとされるのは、室町幕府の三代将軍足利義満《よしみつ》で、その後何人かの手に渡ったあと、松永久秀が大枚をはたいて手に入れた。

久秀は、信長に恭順の意を示すために「九十九髪茄子」を献上した。これを気に入った信長は、「本能寺の変」の前日に行われた茶会（212ページ参照）で使用したため、「九十九髪茄子」は、この変事の際に燃えてしまった……と思われていた。

ところが数年後、秀吉の所蔵品として再び姿を現す。**不死身の「九十九髪茄子」!!**

「戦いの最中、誰かが持ち出したのだ」、いや「焼け跡から拾い出されたに違いない」、いや「そもそも信長の持っていた九十九髪茄子は偽物《にせもの》だったのだ」などなど諸説紛々《しょせつふんぷん》だが、秀吉はこの大名物をそれほど好まなかったようだ（派手好きな秀吉の好みではなかったのだろう）。

時は流れ、一六一五年の「大坂夏の陣《おおさか》」でのこと。豊臣《とよとみ》家が滅びたこの戦いにおいて大坂城は焼け落ち、**不死身の「九十九髪茄子」もさすがに焼けて跡形もなくなった……はずだった。**

ところが、戦いのあと家康《いえやす》が大坂城の焼け跡を掘り起こさせると、バラバラになった「九十九髪茄子」が見つかった。その欠片を茶器の塗師《ぬし》藤重《ふじしげ》親子が継ぎ合わせて修復させることに成功した。

見た目に継ぎ目一つなく釉薬《ゆうやく》も鮮やかな艶《つや》を放ち、完璧に修復されたその姿を見た家康は、感動して「九十九髪茄子」を藤重家に下賜している。日本の職人、恐るべしっ!!

「九十九髪茄子」は二度も奇跡の復活を果たしたという点でも、大名物中の大名物といえるだろう。

現在、この「九十九髪茄子」は、東京・丸の内の明治生命館内、静嘉堂《せいかどう》文庫美術館に所蔵されており、企画展の際などに公開されている。

デーンと構えた安土城で戦勝報告、続々！

一五七八年四月、四十五歳になった信長は、兼任していた右大臣《うだいじん》と右近衛大将《うこんえのだいしょう》を辞任した。官位の返還というのは異例だったが、**武家の頂点に立つ信長は、朝廷のしきたりなどに縛られるのを嫌がった。**そして自らが乱世を終わらせ、「天下布武」を成し遂げることを再度確認した。

それまで自らが戦場に赴《おもむ》いていたが、この頃からはそれを避け、安土城で戦略を立てることに専念して、部下を各方面の司令官として派遣するスタイルに変えた。具体的には、**勝家を北陸方面に、秀吉を中国地方に、そして光秀を丹波《たんば》（現・京都府中部と兵庫県東部および大阪府の一部）に送り込んだ。**

そして、戦いに明け暮れるだけでは殺伐《さつばつ》としていてつまらないとばかりに、近隣諸国の大名や武将を安土城に集めて盛大な茶会を催したり、宮中の節会《せちえ》を復活させてお祝いしたりしている。

特に**信長は大の相撲《すもう》好き**で、安土の常楽寺《じょうらくじ》で「大相撲安土場所」とも呼ぶべき相撲大会を年に何度も開催している。信長が勝者に与えた褒美は超豪華で大盤振る舞いだ。金銀飾りの太刀《たち》や脇差《わきざし》などは序の口、家や領地の一部まで与えたこともある。さらに、勝者を家臣として召し抱えることもあった。

こうして信長が安土城でドーンと構えている間に、勝家・秀吉・光秀、そして立派に成人した嫡男の信忠からも勝ち戦の知らせが次々に入ってくるようになった。自分を中心に世界（天下）が回っているような気分の信長だった（「好事《こうじ》魔《ま》多《お》し」ということわざを信長に教えてあげたいものじゃ）。

回 秀吉のエグすぎる城攻め「三木の干殺し」「鳥取の飢え殺し」

一五七七年、信長の命を受けた秀吉が、「両兵衛《りょうべえ》（二兵衛《にへえ》）」と呼ばれた黒田《くろだ》官兵衛《かんべえ》、竹中半兵衛《たけなかはんべえ》という二人の天才軍師を従え、毛利輝元の勢力下にある但馬《たじま》（現・兵庫県北部）と播磨《はりま》（現・兵庫県南西部）の平定のために出陣した。「出世のチャンス」と張り切る秀吉は、敵対する毛利方と戦い、破竹《はちく》の勢いで次々に城を奪取し、但馬・播磨の大半を平定した。

ところが、**毛利攻めの先鋒を任されていた別所長治《べっしょながはる》が突然離反し、三木《みき》城（現・兵庫県三木市）に立て籠もった。**離反した長治に対し、秀吉は三木城への兵糧搬入経路を断つ作戦に出た。秀吉は三木城を厳重に包囲するとともに、三木城の支城《しじょう》を次々と落として補給路を完全に断った。

一年以上の籠城が続き、三木城内に籠もっていた七千五百人のうち千人以上が餓死した。城内は「飢餓地獄」と化し、これ以上耐え切れなくなった長治は籠城開始から二年後の一五八〇年一月、自分と弟と叔父の三人の切腹と引き換えに城兵を助命することを条件に降伏を申し入れ、開城することを決めた。

その翌年の一五八一年七月、**二万の大軍を率いた秀吉は鳥取《とっとり》城を包囲し、三木城よりさらに徹底した兵糧攻めを開始**した。まず秀吉は、戦いを始める前に米を高値で買い占めた。次に、周囲の村民をわざと城へ逃げ込ませた。城内の食《く》い扶持《ぶち》を増やして、早く飢えさせようとしたのだ。

四カ月弱が経った十月二十五日、人肉を食うほどに飢えた城内の凄惨《せいさん》さに耐え切れず、城主吉川経家《きっかわつねいえ》は自決することを条件に、城兵・村民の命を助けてほしいと申し出た。秀吉はこれを許し、鳥取城攻めは収束した。

のちに、鳥取城の廃虚には食人鬼の怨念《おんねん》と亡霊が現れたために、人々は恐れて夜には決して近づくことはなかったという。

この二つの兵糧攻めは、**「三木の干《ひ》殺し」「鳥取の飢《かつ》え殺し」**と呼ばれる有名なもので、秀吉お得意の城攻めだったが、やり方はなかなかにエグい。

「荒木村重の謀反」でまたまた魔王スイッチON！

クイズ
第一問
松永久秀、別所長治、荒木村重に共通しているのはな〜んだ？
ピンポーン
信長に謀反を起こした人!!
明智光秀
正解!!
1Pt!!
オレって人徳ないのかなぁ
うんうん
いずれ自分も…

一五七八年十月、三木合戦で秀吉軍に加わっていた荒木村重《あらきむらしげ》が、突如《とつじょ》信長に反旗を翻した。安土の信長のもとに、村重の謀反の知らせが届いた時、信長は信じられない思いでいっぱいだった。**「あれほど可愛がっていた村重が……」（以下、回想）。**

村重は摂津《せっつ》の有力国人池田《いけだ》氏の家臣だったが、下剋上で池田家の実権を握ると、それまで仕えていた三好三人衆から信長に鞍替《くらが》えした。

「信長包囲網」が形成されていた一五七一年当時の状況下では、信長は猫の手も借りたいほど忙しく、味方がほしい時期でもあった。しかし、主家を裏切った村重のことを信用できなかった**信長は、臣従《しんじゅう》の挨拶に来た村重が信長の面前に進み出ると、いきなり刀を抜き、剣先で盆の上にあった饅頭《まんじゅう》を二、三個刺し貫いて村重の鼻先に突き付けた。**

満座が驚く中、豪胆な村重は平然とした態度で、口を開くやその饅頭をむしゃむしゃと食べた。「なかなか美味いですな」……それを見た信長は「日本一の剛《ごう》の者じゃ」と言って村重を称えると織田家への臣従を認め、名刀の脇差まで与えたという。

村重を味方に得た信長は、一転して攻勢に出た。そして義昭を京から追放して実質的に室町幕府を滅亡に追いやった。以後も村重は信長に付き従い、越前一向一揆討伐、石山合戦や紀州《きしゅう》（現・和歌山県と三重県南部）征伐など各地を転戦し、武功を挙げた。村重は、柴田勝家や丹羽長秀という織田家の宿老たちと同列に並び、信長から厚い信頼を得る地位にまで出世していた（以上、回想終了）。

回 妻子・家臣を見殺し！　村重は「日本一のろくでなし男」

――その村重が謀反とは!!

前年には松永久秀が二度目の謀反を起こし、今年の初めに別所長治が離反している。**「天正《てんしょう》六年は、オレの厄年か!?」**――信長はそう思ったに違いない。ともかく使者を遣《つか》わして有岡《ありおか》城（伊丹《いたみ》城とも。現・兵庫県伊丹市）に立て籠もる村重を説得することにした。

使者を迎えた村重は、部下の高山右近《たかやまうこん》の懸命の説得もあって翻意し、信長への釈明のため安土城に向かうことになった。ところが、その途中で側近の一人に「安土城に行っても切腹させられるだけですぞ」と反対されたのを容《い》れて、村重は再び有岡城に舞い戻ってしまった。

それでも信長は諦めきれず、秀吉の軍師黒田官兵衛を使者として有岡城に派遣したが、なんと村重は官兵衛を拘束して、土牢《つちろう》に監禁してしまうという暴挙に出た。

その後、村重は、五、六人の部下を連れ、夜陰に乗じて有岡城を脱出し、嫡男村次《むらつぐ》のいる尼崎《あまがさき》城（現・兵庫県尼崎市）へ移った。その際、**妻子や家臣を置いたまま自分だけ逃げたので「日本一薄情で酷い男」というレッテルが貼られてしまった。**

村重がいなくなった有岡城に残された家臣たちの士気は低下し、重臣たちも冷酷で無責任な村重に呆《あき》れ返って逃げ去ってしまった。村重の妻子たちの警護役をしていた池田和泉守《いずみのかみ》という武士にいたっては、「主君も重臣も我らを見殺しにするつもりだ」と、絶望のあまり自害した。

その自害の仕方は、鉄砲で自分の頭を撃ち抜くというもので、**池田和泉守は「日本初、鉄砲で自害した男」**とされている（これを「名誉」とはいわぬじゃろうが……）。

回 信長、「地獄の鬼の呵責もかくや」の報復措置！

村重がこの期《ご》に及んでも白旗を揚げないことを知った**信長は、村重が自分の命を惜**

しんで妻子や家臣を見捨てたと判断して、「武士の風上《かざかみ》にも置けない奴」と怒った。

こうなると信長の鬼の顔が出る。

信長は、村重の重臣の家族など百二十二人を城から引きずり出し、磔にすることを命じた。幼児がいれば母親に抱かせたまま磔の柱に引き上げ、次々と鉄砲で撃ち、槍や薙刀で刺し殺した。

百二十二人の妻女たちが一斉に悲しみ叫ぶ声は、天にも響くばかりで、これを見る人々は目もくらみ心も消えて、同情の涙を押さえることはできなかった。

この他の武士の妻子と侍女たち合計五百余人を家四軒に押し込め、周囲に枯れ草を積んで全員焼き殺した。その様子は**「地獄の鬼の呵責《かしやく》もかくやと思われる悲惨な有様で、見ていた人の肝も魂も消え失せるようだった」**と『信長公記』には記されている。

次に信長は、村重の一族は京都で成敗せよと命じた。

村重の一族は京都市中を引き回された。「今楊貴妃《いまようきひ》」とも呼ばれた美人で有名な村重の妻は、処刑場の六条河原に到着すると、取り乱すことなく**帯を締め直し、次いで**

髪を高々と結い直すと、小袖《こそで》の襟《えり》を後ろへ引いて首を差し出し、見事に首を斬られたという。

その後も信長は、逃げていた荒木一族を発見次第、皆殺しにしていったが、**村重本人は息子村次と共に逃げおおせ、最後は毛利氏のもとに亡命**した。

そして「本能寺の変」で信長が亡くなったあとは堺に戻り、秀吉や千利休と懇意《こんい》になって茶人として第二の人生を歩み、「利休七哲《しちてつ》」（千利休の七人の高弟《こうてい》）の一人にまでなったといわれている。

しかし、秀吉の悪口を言ったことがバレ、処刑を恐れて出家した（うーん、あくまでしぶとく生き残る作戦じゃ）。自分の過去の所業を恥じて**「道糞《どうふん》」**と名乗ったが（確かに「糞《くそ》」な生き方じゃ）、秀吉に許されて、**「道薫《どうくん》」**に改めたといわれている。

一五八六年、堺で死去。享年五十二。

ちなみに、有岡城での惨劇を逃れ（乳母が連れて脱出し）た村重の末子とされる子がおり、彼はのちに岩佐又兵衛《いわさまたべえ》という有名な絵師になった。数ある「洛中洛外図屏風」のうち、169ページに登場する「上杉本」と共に国宝となっている「舟木本」は、彼の作である。

信長が「法華宗vs.浄土宗」の安土宗論を行わせたワケ

一五七九年五月、安土城下で説法していた**浄土宗《じょうどしゅう》の長老霊誉玉念《れいよぎょくねん》に対して、法華宗《ほっけしゅう》（日蓮宗《にちれんしゅう》）信徒の大脇伝助《おおわきでんすけ》ら二人が問答をふっかけた。**

霊誉長老は「若いお二人に回答したところで、仏法の奥深い意味はわかりますまい。〝これぞ〟という法華宗のお坊様をお連れくだされば、ご返答いたしましょう」と答えた。

それを受けて、浄土宗から四人、法華宗から五人のそうそうたる僧侶を出して宗論《しゅうろん》（教義論争）をやろうということになった。この噂は広まり、京都や安土周辺の僧侶が集まってちょっとした騒ぎにまで発展した。

それを聞きつけた信長は、「無駄な宗論などするな」と和解を試みようとしたが、法華宗側が「宗論をして負けるわけがない」と、勝つ気満々で信長の指示に従おうとしない。

仕方なく信長は、博識で有名な臨済宗南禅寺《りんざいしゅうなんぜんじ》の長老景秀鉄叟《けいしゅうてつそう》を審判者として招いた。またもう一人、因果居士《いんがこじ》という人物も審判に加えて、安土の町はずれにある**浄土宗の寺、浄厳院《じょうごんいん》において宗論を行うことになった。**

回 過激な法華宗徒が一揆に走るのを阻止!?

大勢の僧侶や野次馬が見守る中、法華宗側はきらびやかな法衣《ほうえ》を着飾って登場したのに対して、浄土宗側は質素《しっそ》な墨染《すみぞ》めの衣でやって来た。

浄土宗側の僧が早口で第一の問いを発したところから、バトル（問答）は始まった。軽いジャブのような問答の応酬の末、浄土宗側の僧がカウンターパンチを放った。

「法華経《ほけきょう》の『妙《みょう》』をあなたは知らないのか」

それに対して、**法華宗側の僧が答えられず沈黙**した。

「さあ、さあ、お返事がないですぞ」

浄土宗側が畳みかけて尋ねても、法華宗側は答えられない。

これを見て、判者をはじめ一同がどっと笑うや法華宗側の僧に襲いかかり、まとっていた袈裟《けさ》を剝ぎ取り、さらに持っていた法華経八巻を奪って破り捨ててしまった。

勝負の結果を知った信長はただちに浄厳院へ出向き、浄土宗側の僧に扇と団扇《うちわ》を贈って褒め称えた。一方、法華宗に対しては、最初に問答をふっかけた大脇伝助と、さらに普伝《ふでん》という僧の首を斬ったうえで、「我が兵士たちが日々軍役を務めて苦労しているのに、お前たち僧職は立派な寺に住んで贅沢《ぜいたく》な暮らしをしている。それにもかかわらず、学問もせず、『妙』の一字にも答えられなかったのは誠に許し難い」と厳しく叱責《しっせき》し、

「このたび宗論に負けた以上、『今後は他宗を誹謗《ひぼう》しない』と誓約せよ」

と命じて誓約書を提出させた。さらに、この宗論の顚末《てんまつ》を世間に広めて法華宗が言い訳できないようにした。

信長は、一向一揆で痛い目に遭っていたので、法華宗徒が一揆に走る危険性を常々感じていた。そこで、判定者の一人である因果居士に命じて、浄土宗側に有利になるよう導かせたといわれている（信長による出来レースといえるじゃろう）。

もちろん法華宗側は、この「安土宗論」は八百長《やおちょう》であり、信長の意図的な弾圧によるものとして認めなかった……。

京都御馬揃え――"超ド派手な軍事パレード"で権力を誇示

信長が定めた元号である「天正」も九年目に入っていた。

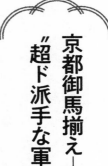

一五八一年二月二十八日、信長は京都で「京都御馬揃《おうまぞろ》え」という(結果的に)人生最後となる軍事パレードを行った。内裏《だいり》で行われたこの「京都御馬揃え」には、信長の家臣が総動員された。時の天皇、正親町《おおぎまち》天皇も招待されている。

このパレードには、信長の天下人としての権力と軍事力、そして文化力までも誇示して他大名や朝廷を牽制《けんせい》する意図があった。信長はできるだけ美しく着飾って参加するよう、「天下布武」の朱印を押した正式な書状を発して国々に指令を出した。

『信長公記』によれば、この晴れのパレードの先頭は丹羽長秀が務めた。この馬揃えの責任者を仰《おお》せつかった明智光秀は三番目の馬場入りだった。秀吉も参加するはずだったが、中国地方の討伐を命じられていて、播磨の姫路城《ひめじ》にあって対陣中だったため参加することはできなかった。

回 住吉明神のごときイケイケぶり

信長は「大黒《おおぐろ》」という名馬に乗り、左右にそれぞれ小姓衆《こしょう》・小人衆《こびと》を従えていた。信長の出で立ちは、さながら住吉明神《すみよしみょうじん》が出現したかのごとき神々《こうごう》しさを感じさせるものだったという。参加した大名や武将たちも、この晴れの儀式にできる限り趣向《しゅこう》を凝《こ》らした豪華な格好で参加した。

ただし、信長自慢の鉄砲隊は動員されなかった。示威《じい》行為もやりすぎは逆効果だと信長は考えたのかもしれない。

特等席に居並ぶ天皇、皇族、公家の面々は、軍事パレードだということを忘れ、その豪華絢爛《けんらん》さに圧倒されて歓喜に沸《わ》いた。と同時に、信長が武家の頂点に立っていることをひしひしと実感した。

回 大誤算!? 明智光秀に「大軍を率いて出陣」の口実を与える

「京都御馬揃え」に参加できなかった秀吉は、中国地方の雄である毛利氏との戦いに忙しかった。「三木の干殺し」「鳥取の飢え殺し」と、手段を選ばずに敵を滅ぼし、最後の締めくくりに入っていた。

備前《びぜん》（現・岡山県南東部）を平定した秀吉は、備中《びっちゅう》（現・岡山県西部）へと侵攻するが、「城攻め」が得意な秀吉でも、難攻不落の備中高松《たかまつ》城（現・岡山市北区）の攻略には苦労した。すると、**黒田官兵衛が「水攻め」の策を秀吉に進言**した。城を取り囲むような大きな堤防《ていぼう》を築いて水を引き込み、城ごと水没させてしまう大掛かりな作戦だった。

秀吉は、工事に協力すれば高額な報酬を与えると現地の農民らに伝えた。すると現金なもので全長約四キロメートルにも及ぶ巨大な堤防が、わずか十二日で完成したという。川を堰《せ》き止めて水を引くと、**高松城は本丸を除いてことごとく水没**してしまった。

城主清水宗治《しみずむねはる》は籠城を決意していたが、この状況では食糧を外部から補給することは不可能。といって打って出ることもかなわない。そこに安芸《あき》から援軍を率いて毛利輝元、吉川元春《きっかわもとはる》、小早川隆景《こばやかわたかかげ》が駆けつけ、秀吉の軍と対陣した。

信長はその情報を聞き、

「安芸勢と対峙《たいじ》したことは天の好機。中国勢を討ち果たし一気に九州も平定しよう」

そう言って明智光秀に秀吉の援軍を命じた。しかし、これがいけなかった。光秀に大軍を率いて出陣する口実を与えてしまったのだ。信長の運命の歯車が狂い始めた、その音が聞こえた瞬間だった。

回 名門・武田家滅ぶ！　信長に忍び寄る「慢心」

一五七五年の「長篠の戦い」に勝利した信長だったが、石山本願寺や毛利氏などとの戦いに忙しく、武田勝頼《かつより》の息の根を止めることはできなかった。しかし、七年後の一五八二年、朝廷から「朝敵《ちょうてき》征伐」のお墨付きまでもらった信長は、家康や北条氏政《うじまさ》と共に本格的な**「甲州《こうしゅう》征伐（武田一族征伐）」**に乗り出した。

一方の勝頼は、七年の間に家臣たちに裏切られたり離反されたりして、満足に戦う兵力は残されていなかった。「高遠《たかとお》城の戦い」（現・長野県伊那《いな》市）で勝利した織田軍は、退却する勝頼を追い詰めていく。最後の戦いとなった**「天目山《てんもくざん》の戦い」（現・山梨県甲州市）では、織田軍四千に対して武田軍はわずか四十人。**勝頼の最期の時を『信長公記』は次のように記す。

> **勝頼は逃れられないと悟ると、誠に美しい婦人と子供たちを一人ずつ引き寄せて、あたかも花を折るように四十余人を刺し殺した。そして勝頼も見事に切腹した。**

享年三十七。わずかに残った家来たちも討ち死にしたり、切腹したりして皆果てたという。戦国の世の習いとはいえ、「人の命はかげろうのように儚く、無常だ」と記されている。**勝頼が信玄から家督を相続してからわずか九年。四百年続いた名門武田**

家はここに滅んだ。勝頼の辞世は次の通り。

朧《おぼろ》なる　月のほのかに　雲かすみ　晴れてゆくへの　西の山の端《は》

訳 朧げだった月も、かかっていた雲がほのかにかすんで晴れてゆき、山の向こうの西方浄土《さいほうじょうど》（彼岸《ひがん》）を目指して行くかに見える。

信長は、**一五七七年九月の謙信との「手取川の戦い」に敗れて以降は、連戦連勝。約五年間での戦いは、十六勝二敗、勝率約九割。**

家康との同盟もうまく機能し、武田氏を滅亡させ、石山本願寺との十年戦争も終結した。中国の毛利氏も時間の問題、四国の長宗我部《ちょうそかべ》氏も敵ではない……。

キタキタキタキタキター‼　ついにキターーー‼

「天下布武」も近い……信長は確信していた。しかし、この「向かうところ敵なし」が慢心を生む。そして慢心は油断となり、一五八二年六月の「本能寺の変」を迎えてしまうのだった。

5章

本能寺の変——信長の野望、潰える！

……日本史上、最大級の謀反は、なぜ起きたのか？

「是非に及ばず」――本能寺に散った第六天魔王

一五八二年五月下旬。

秀吉《ひでよし》が毛利《もうり》攻めにてこずっていたので、その援軍を明智光秀《あけちみつひで》に命じた信長は、やるべきことをやった安堵感に浸っていた。

その頃、正親町《おおぎまち》天皇の皇子誠仁親王《さねひとしんのう》から、**「太政大臣《だいじょうだいじん》か、関白《かんぱく》か、征夷大将軍《せいいたいしょうぐん》か、このどれかの官職に就いてほしい」という旨の書状をもらい、信長はその返答をするために上洛することにした。**

「太政大臣」や「関白」ならば、かつての藤原《ふじわら》氏や平清盛《たいらのきよもり》のように、天皇家と姻戚関係を結んで朝廷内での権力を高め、政治的な主導権を握ることができる。

一方、「征夷大将軍」ならば、源頼朝《みなもとのよりとも》や足利尊氏《あしかがたかうじ》のように、武家政権を開いて朝廷とは別の権力構造で日本全国を支配することになる。夢の「織田幕府」の誕生だ。

残念ながらその返答をする前に、信長は「本能寺《ほんのうじ》の変」で横死してしまった。生きていたとすれば、どの官職を選んでいたのだろう。タイムマシンで行って尋ねてみたいところだ。

一五八二年五月二十九日。

信長は上洛のついでに本能寺で京の公家《くげ》や豪商たちを招いて「名物びらき」の茶会

を開こうと考え、天下の名物、大名物と共に安土城《あづち》を出立した。

一五八二年六月一日。

信長は**「名物びらき」の茶会を本能寺で催した。**「この世のすべての物はオレの物」とばかりに、手段を択《えら》ばず日本中からかき集めた天下の名品の数々を安土城から運ばせ、「どうだ」とばかりにほくそ笑む第六天魔王信長。その姿を見た公家や豪商たちは、ただ圧倒されるばかりだった。

しかし、それは**信長の人生最後のパフォーマンス**となってしまった。

回「さては謀反だな、いかなる者の仕業か」

一五八二年六月二日、明け方。

本能寺の外がなにやら騒がしい。信長も小姓衆も下々《しもじも》の者が喧嘩しているのだと思ったが、事実はまったく違っていた。光秀率いる一万を超える軍勢が本能寺を包囲し、鬨《とき》の声を上げながら鉄砲を撃ち込み、四方から乱入してきたのだ。

信長が、「さては謀反だな、いかなる者の仕業《しわざ》か」と問うと、小姓の森蘭丸《もりらんまる》（長《なが》定《さだ》・成利《なりとし》）が、「明智光秀の軍勢と見受けられます」と答えた。

その時、信長は、

「是非に及ばず」

と言った。**「是非に及ばず」**は、**直訳すれば「当否、善悪を論じるまでもない」**となるが、まあ簡単に言えば「じたばたしても仕方がない」という感じだ。

スペイン人の貿易商人であるアビラ・ヒロンの書いた『日本王国記《にほんおうこくき》』には、「信長は光秀が本能寺を包囲していると知らされると、口に指を当てて、**『余《よ》は自ら死を招いたな』**と言ったという」と書かれている。

いずれにせよ、信長は光秀の謀反を即座に認め、ともかく今できることをしようとした。しかし、光秀ほどの者が謀反を企てた以上、逃れるすべはあるまいという、死を覚悟したうえでの行動だった。

信長は自ら弓を取って次々に敵兵を射殺した。しかし、二つ三つと取り換えた弓の弦《つる》が次々に切れてしまった。そこで弓を捨てて槍に持ち替えて戦ったが、肘《ひじ》に槍傷《やりきず》を

覇業達成を目前にして激烈なる人生の幕を閉じた信長

受けて寺の奥へと退却した。その時、付き従っていた女房《にょうぼう》衆に「女たちはもうよいから、急いで脱出せよ」と逃げる指示をした。

信長の配下の者たちも、次々に討ち死にしていった。信長と衆道《しゅどう》（26ページ参照）の関係にあった小姓の**森蘭丸**は、信長の楯となって十八歳の命を散らした。

相撲取りだった**伴正林**《ともしょうりん》は、厠に立て籠もったのち、敵陣に斬り込んで討ち死にした。

黒人の側近**弥助**《やすけ》は、敵を何人も討ち取ったのち行方不明になっている。弥助はイタリア人宣教師の連れてきた奴隷《どれい》（ポルトガル領東アフリカ、現・モザンビーク出身）だった。「全身が牛のように真っ黒で、十人力の剛力」だったことから信長が気に入って宣教師から譲り受け、「弥助」と名付けて近習《きんじゅ》としていた。

他にも何十人という小姓たちが、次々と討ち死にしていくさまを信長は見た。

すでに本能寺には火がかけられていた。「是非に及ばず」……**覚悟を決めた信長は、敵に最期の姿を見せてはならぬと思い、建物の奥深くへ入って内側から戸を閉めて切腹した。**

燃え盛る紅蓮《ぐれん》の炎の中、信長の最期の姿を見た者はいない。「桶狭間《おけはざま》の戦い」に出陣する時に舞った幸若舞《こうわかまい》『敦盛《あつもり》』。その「人間五十年……」にあと一年足らない、四十九歳だった。

覇業《はぎょう》達成を目前にして、第六天魔王信長は激烈《げきれつ》なる人生の幕を自ら閉じた。

信長の手勢は百五十人ほどだった。普通に考えると、ものの一時間もあれば戦いは終わると思われるが、半日近く持ちこたえたのはさすがだった。

回 嫡男・信忠も二条の新御所で討ち死に

信長の嫡男信忠《のぶただ》は、本能寺からわずか数キロメートル離れたところにある妙覚寺《みょうかくじ》に宿を取っていた。信忠は、この変事を聞き、急いで本能寺に駆けつけようとした。そこへ村井《むらい》貞勝《さだかつ》父子がやって来て、すでに信長は横死し、明智勢がこちらへ向かっていることを告げると、信忠は戦闘に適した二条《にじょう》の新御所に移った。

そこで開いた評議で、「ここはいったんお逃げなさいませ」と、安土に逃げて再起を図るように進言する者もいた。しかし信忠は、「これほどの謀反を企てた光秀だから、万が一にも我々を逃しはすまい。雑兵の手にかかって死ぬのは、のちのちまでの不名誉、無念だ。それならばここで戦って潔く腹を切ろう」と言ったという。

信忠は、二条の新御所にいた東宮《とうぐう》（誠仁親王）と若宮《わかみや》（のちの後陽成《ごようぜい》天皇）を安全な場所（内裏《だいり》）に移動させると、攻め寄せてきた明智の軍勢と戦った。信忠の家臣たちは次々と打って出て、「切っ先より火焔《かえん》をふらして」（＝切っ先から火を噴《ふ》くくらいの激しさで）刀を振るい、**敵味方とも斬り殺し斬り殺される壮絶な戦い**となった。

その中に小沢六郎三郎《おざわろくろうさぶろう》という織田家恩顧《おんこ》の家臣がいた。六郎三郎は信長が自害したのを聞いて、「それならば信忠様のところへ行き、お供しよう」と信忠のもとへ駆けつけようとしたが、すでに明智勢が二条の新御所を取り囲んでいて近づけない。

そこで**明智勢の味方を装《よそお》って、槍を担いで首尾よく新御所へ入り込んだ**。そして信忠への挨拶もそこそこに、ただちに表門の守備につき、見事な働きをした。しかし、敵が弓と鉄砲で激しく攻め立てると、多勢《たぜい》に無勢《ぶぜい》で門を突破され、ついに明智勢の新

御所突入を許し、火を放たれた。迫りくる火炎《かえん》の中、信忠は、

「私が切腹したら、敵に見つからぬよう遺体は床下《ゆかした》へ隠せ」

と言って見事に腹を切ると、鎌田《かまた》新介《しんすけ》という者が介錯した。享年二十六。新介は井戸の中に飛び込んで身を隠し、夜半《やはん》になってから忍び出た。そして遺命《いめい》通りに床下に隠していた信忠の遺体を探し出し、のちに荼毘《だび》に付した。

信長に恩のある家臣たちで、遠方にいてこの本能寺の戦いに加われなかった者たちの中には、「御用の時に参陣できず無念だ。このうえ降参して明智を主君とすることなどできぬ」と言って、信長のあとを追って立派に切腹した者もいた。

もし信忠が潔さを捨て、恥も外聞もなく安土に向かって逃走していたら、大坂まで進軍していた三男信孝《のぶたか》の援軍を受けることも可能となり、助かっていたかもしれない。しかし、信長も信忠も切腹して果てた。**明智光秀が企てた史上最大の謀反劇は、わずか一日で成功裏に幕を閉じた。**

コラム

信長の嫡男・信忠

長男の信忠と次男の信雄《のぶかつ》は、**信長が最も愛したといわれる側室生駒《いこま》吉乃《きつの》**との子だ。吉乃は夫を戦で亡くして実家に出戻っていた未亡人だった。吉乃に惚れた若き信長は、濃姫《のうひめ》に隠れて吉乃のところに通って逢瀬《おうせ》を楽しんだ。

しかし、吉乃は信忠と信雄、そしてのちに徳川《とくがわ》信康《のぶやす》（家康《いえやす》の長男）に嫁ぐ徳姫《とくひめ》（五徳《ごとく》）を生んだあと、体を壊して三十歳を前に若くして亡くなってしまった。

信忠は生まれた時に顔が変だったので、それを見た信長がからかって「奇妙丸《きみようまる》」という幼名を付けた（魔除けのための命名とも）が、嫡男としてのエリート教育はしっかり施した。一五七三年、数え十七歳で近江《おうみ》小谷《おだに》城の浅井《あざい》長政《ながまさ》攻めで初陣を飾った信忠は、それ以降着実に戦功を挙げていった。

名城として名高い高遠《たかとお》城を攻略して武田《たけだ》氏を滅ぼした信忠は、全国にその名を轟か

せた。その手柄に対して信長は褒美として梨地蒔絵拵《なしじまきえごしらえ》の刀を贈り、

「お前に、天下支配の権利を譲ろう」

と言ってその働きを称賛した。一五七五年、**信長は信忠に家督を譲ることを決め、尾張《おわり》と美濃《みの》の二国を与え、岐阜《ぎふ》城も譲っている。**

一五八二年六月二日に起きた「本能寺の変」の前日、二人は久しぶりに親子水入らずで会っている。そこでどんな会話を交わしたのかは知る由もないが……。

信長が本能寺で自刃したと知った信忠は、わずかな手勢と共に二条の新御所に立て籠もり、光秀勢と戦った。小姓の一人が左足を負傷し、腹を刺されて内臓がはみ出している姿を見た信忠が、「勇ましいのう。この世で恩賞を与えることは叶わぬが、来世において必ず授けようぞ」と声をかけると、感激した小姓は笑いながら敵に向かって駆け出し、奮戦したのち討ち死にしたという。

信忠も自ら剣を振るって敵兵を倒したが、衆寡敵《しゅうかてき》せず自刃して果てた。小姓と約束した恩賞を、来世のどこかで与えていることを祈るばかりだ。

明智光秀――「究極のワンマン主君」のパワハラを受け続けた男

ここからは、光秀の視点から「本能寺の変」に至る流れをおさらいしていこう。

一五八二年五月十五日。

家康が安土を訪れた。武田氏が滅んだことで、同盟者たる家康は武田氏旧領のうち駿河《するが》を拝領し、そのお礼言上《ごんじょう》のためだった。

信長は家康の来訪に際して、街道を整備させ、途中の宿泊所でも万全のもてなしをさせるほどの力の入れようだった。

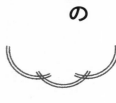

安土での家康の接待役に命じられたのが、光秀だった。『信長公記』に、「京都と堺《さかい》にて珍しい食料を調達し」とあるように、光秀は遠く堺にまで足を延ばして珍しい料理の材料を仕入れ、家康の接待、饗応《きょうおう》に心を砕《くだ》いた。しかし、陰暦の五月はすでに夏。仕入れた魚の生臭い臭いが安土城に立ち込め、信長の逆鱗《げきりん》に触れることになった。

「光秀、おのれは腐った魚を徳川殿に食べさせる気か!!」

と激怒した信長は光秀を蹴倒《けたお》し、接待役を解任してしまった。光秀は悄然《しょうぜん》として本拠地の近江坂本《さかもと》へと帰っていったが、その時、用意していた料理や道具類をすべて城の濠《ほり》に投げ込んだという(『川角太閤記《かわすみたいこうき》』)。

憤懣《ふんまん》やるかたない光秀の心に、「謀反」の二文字が浮かび上がってきた。

回 秀吉も勝家もみんな出払っている「今がチャンス」!

「本能寺の変」成功の一番大きな要因は、なんといっても信長が重用していた家臣た

ちが全国に散らばっていたことだ。

秀吉は備中高松城《びっちゅうたかまつ》で毛利勢と交戦中、柴田勝家《しばたかついえ》は越中《えっちゅう》で上杉《うえすぎ》勢と交戦中、滝川一益《たきがわかずます》は北条《ほうじょう》勢を牽制するために上野国《こうずけのくに》（現・群馬県）に遠征中、三男の織田信孝と丹羽長《にわなが》秀《ひで》は大坂・堺で四国征伐軍を編成中だった。信長が部下を各方面の司令官として派遣するスタイルに変えたことが、ここでは裏目に出た。

一五八二年五月下旬。

信長を守る軍勢がほぼ出払っていた中、光秀は信長から備中で戦っている秀吉の応援命令を受けた。これによって本拠地の坂本から一万を超える大軍を動かす大義名分ができた。

一方、安土城を出て京の本能寺に泊まる予定の信長の手勢は、せいぜい百人程度。一万対百の圧倒的兵力差。これをチャンスといわずして何のチャンスぞ。

「今なら信長を討てる!!」

光秀は、この千載一遇《せんざいいちぐう》のチャンスに心を震わせた。

電光石火で信長を討てば、遠征中の諸将が謀反のことを知って帰京するまでの間に、畿内《きない》や近江、美濃など信長の領国を制圧することは可能だ。そして、前将軍の足利義《よし》昭《あき》を奉じて反信長勢力を味方として抱き込めば、天下を手中にできる……光秀は信長を葬《ほうむ》り去ることを考え始めた。

一五八二年五月二十六日。

光秀は丹波《たんば》亀山《かめやま》城（現・京都府亀岡市）に入った。しかし、いざ主君信長を討つとなると光秀は自信がなくなり、不安に襲われた。なにせ信長は「第六天魔王」を自任する強者《つわもの》だ。悪運の強い信長を果たして自分は討てるのか……眠れない日が続く。

一五八二年五月二十七日。

光秀は神にすがるつもりで勝軍地蔵《しょうぐんじぞう》を祀る愛宕山《あたごやま》（白雲寺《はくうんじ》・愛宕神社。現・京都市右京区《うきょうく》）へ参籠《さんろう》した。そこで光秀はおみくじを二度三度と引いた……正確には、「大吉が出るまで引き続けた」。そしてついに「大吉」が出ると、それを信じてお守りとした。

一五八二年五月二十八日。

光秀は愛宕山の西坊《にしのぼう》（威徳院《いとくいん》）で連歌会《れんがえ》を催した。当時**「出陣連歌」といって戦いの前に神前で連歌会を開いて奉納すれば、その戦いに勝てる**と信じられていた。その時光秀が詠んだ発句《ほっく》は深い意味を持つとされている。

ときは今　あめが下《した》知る　五月《さつき》かな

「とき」は、「時」と「土岐《とき》」との掛詞《かけことば》。「まさに今」という意味と、源氏の流れを汲《く》む「土岐氏」の一族である光秀自身のことを指す。織田氏が「平重盛《しげもり》（平清盛の嫡男）の次男資盛《すけもり》の後胤《こういん》」と称し、信長自身も「平氏」を自覚していたので、光秀はここで「源氏vs.平氏」を意識したのだろう。「打倒、驕り高ぶる平氏（信長）だ!!」。

そして「あめ」は「雨」と「天《あめ》」との掛詞。「知る（領《し》る）」には「治める、統治する」という意がある。つまり、ここで光秀は堂々と**「五月雨《さみだれ》の降りしきるまさに今、**

源氏の末裔《まつえい》たる光秀が天下を治める時が来たのだ」と宣言した。

光秀は、菓子として出された粽《ちまき》を包みの笹《ささ》の葉も剝《む》かずに食べたが、それに気づきもしなかった。光秀の想いは本能寺襲撃の一点に向かって凝縮されていた。眠れない日々はもうじき終わるはずだ……。

回「敵は本能寺にあり!!」ひた隠しにしていた牙を剝く時

一五八二年六月一日。

光秀は一万三千の手勢を率いて丹波亀山城を出陣した。光秀は備中へ援軍に向かうフリをするため、しばらく西へ進軍したのち、突然、重臣四人（五人とも）に対して謀反のことを告げた。この段階まで謀反のことは誰にも打ち明けていなかった。

驚く四人に対して、光秀は「起請文《きしようもん》」（約束を破らないことを神に誓う文書）を書かせたうえで、裏切り防止のために人質を取ることにした。そして**兵たちには、迂回《うかい》したのち西へ向かう、と嘘をついて東に向かわせた。**

しかし、通常とは異なるルートを通る以上、怪しんで信長に注進《ちゆうしん》する者が現れないとも限らない。そうなれば、計画はすべて水の泡だ。

そこで、**光秀は「疑わしき者はすべて斬れ」と命じた**。内部にいて密通者になりそうな者はもとより、多くの軍勢が通り過ぎるのを見て驚き、逃げる農民たちまでも追いかけ、非情にも斬り殺した。

実はこの段階では、光秀の部下たちの大半は「信長の命を受けて家康を討つ」のだと考えていたという（『本城惣右衛門覚書《ほんじようそうえもんおぼえがき》』）。光秀の軍勢は幟《のぼり》や旗指物をいっさい用いず、小隊に分かれて忍び寄る形を取った。

早朝とはいえ、一万三千もの大軍が一団となって京の町を進軍すれば、本能寺にいる信長に異変が伝わってしまう可能性が高い……光秀の用意周到な計画と、徹底した情報統制は見事なものだった。

光秀は言った。**「仏の嘘を『方便《ほうべん》』といい、武士の嘘をば『武略《ぶりやく》』という」**と。光秀はその「武略」を使って一万三千の兵を見事に騙《だま》し、一人の落伍者《らくごしや》も出さずに統率して本能寺を包囲することに成功した。しかし叫びたい気持ちを押さえて、「まだだ、まだ早い」と、光秀はその時を待った。

一五八二年六月二日未明。

光秀は足軽たちに、いつでも火縄銃を撃てるよう準備させ、臨戦態勢に入らせた。

そして、ついにその時が来た。光秀は絶叫した。

光秀は信長の何が
腹に据えかねたのか？

「敵は本能寺にあり!!」

光秀が、ひた隠しにしていた牙を剝《む》いた瞬間だった。

戦いは、わずか半日足らずで光秀勢の勝利に終わり、本能寺は炎に包まれた。

「信長の遺体」はどこに消えたのか？

・LIVE
ミステリーTV
戦国最大のミステリー！！
「本能寺の変」!!
この謎を解くのは～
この男、名探偵明智小五郎！
くるっ
ボクは光秀の子孫だよ～！
（ウソだよ～）
信長の死体は行方知れず
ドーシテ!?
謀反の動機も不明
ワカラナイ
オーマイガー
真実を知るのは
この光秀のみ！
フフフ

光秀は信長を討ち取った証拠として、遺体を必死に捜した。これは光秀にとって生命線だった。**信長を討ち取ったという証拠が示せなければ、謀反を成功させたことにならない。**しかし、遺体どころか遺骨すら見つからなかった。

実は**蓮台山阿弥陀寺《れんだいさんあみだじ》（現・京都市上京区）に信長の遺骨が眠っている**という逸話が残されている。

阿弥陀寺の清玉上人《せいぎよくしようにん》は、母が上人を身ごもっていた時に病になったのを信長の兄に助けられ、また織田家の援助で僧侶になれた。このように織田家に大きな恩義があった上人は、本能寺での変事を知ってすぐさま駆けつけると、裏門から境内《けいだい》に入ったところで、何かを燃やしている家臣たちを見つけた。

何をしているのかと尋ねると、首を渡してはならぬという信長の遺命で、信長を火葬にしているという。そこで**上人は信長の遺骨をもらい受けて阿弥陀寺に戻り、そののち葬儀を行って信長の墓を建立した**というのだ。

事の真偽はわからないが、他にも信長の廟所《びようしよ》や墓とされているものは、主だったものでも二十カ所を超える。

しかし、その中で一カ所だけ「信長首塚」と呼ばれるところがある。静岡県富士宮《ふじのみや》市の西山本門寺《にしやまほんもんじ》だ。本能寺で信長と共に討ち死にした原《はら》一族の生き残りが、炎上する本能寺から信長の首を持ち出し、ゆかりの西山本門寺まで運んで埋葬《まいそう》したといわれている。

虎は死して皮を留《と》め、人は死して名を残す。信長は死して謎を残す（……さすがじゃ）。

回 居城・安土城の「お留守衆」はその時どうした？

信長の居城安土城に「信長死す」の報が入ったのは、変事から数時間経ってのことだった。城にいた皆は、にわかには信じられなかったが、次々にもたらされる知らせによってそれが事実であることがわかると、城内は上を下への大騒ぎとなった。そして泣き悲しむ間もなく、各々《おのおの》家を捨て、妻子だけ連れて身一つで安土を去っていった。

信長が安土城の留守居としていた蒲生賢秀《がもうかたひで》という武将がいた。脱出の最中、女房衆から「天主にある金銀や太刀・刀を持ち出し、城に火をつけて立ち退きなさい」と言われたが、「信長公がお心を尽くして造った天下一のお城を、自分の一存で焼き払うことは畏れ多い。また、金銀や名物の道具類を勝手に持ち出しては世間の嘲《あざけ》りの種になろう」と考えて、何も持ち出さず、城にも火をかけず退去した。

賢秀は日野《ひの》（現・滋賀県蒲生郡）にいる嫡男氏郷《うじさと》に迎えに来させ、城内にいた信長の一族を警護しながら居城の日野城まで退去させた。そして日野城に立て籠もって光秀に対して対抗姿勢を示した。

光秀から、「味方に付けば近江半国を与える」との条件を提示されたが、**賢秀は信長公には恩義があるとして、敢然《かんぜん》と拒絶した。**漢《おとこ》、ここにあり!!

コラム

光秀が「本能寺の変」を起こした動機は？

天下統一を目前にした信長が、京都の宿所で討たれた「本能寺の変」は、戦国史のみならず、その後の日本の歴史を大きく変えた一大事件といえる。

織田家重臣の明智光秀がなぜ謀反を起こしたのか、その動機は諸説あるもののいまだ明らかにされておらず、多くの謎に包まれている。

ここでは、いくつかの説を紹介しよう。

①光秀が単独で謀反を起こしたという説

・「野望説」

『信長公記』には、「**信長を討ち果たし、天下の主となる計画を練り上げた**」と書かれており、「野望説」を取っている。他にも理由があるだろうが、とにかく光秀は自分が「天下人」になりたかったために、謀反を起こして信長を葬ったという説。

普通に考えればこの説が一番ありそうだが、光秀は信長を討ったあと、どうしたかったのか、というビジョンが見えてこない点が最大の弱点だろう。

・「怨恨《えんこん》説」

光秀は信長に可愛がられると同時に、酷い仕打ちを受けている。例えば、論功行賞《ろんこうこうしょう》において、まだ敵の領地だった場所を与えられたり、多くの武将の前で叱責され、髪を摑んで引き倒されたりしている。酷い仕打ちの最たる例は、**人質にされていた母親が信長のせいで殺されていること**――。

また、「本能寺の変」の直前、家康の饗応役を命じられた光秀は「おもてなしが下手だ」と信長に殴られている話が伝わるが、これは最後の一押しにすぎないだろう。

そんなこんなが重なって、信長に対して「恨み晴らさでおくべきか〜」と溜まりに溜まった怨恨が原因――という説だが、これらの内容は二次的史料には載っていても、**『信長公記』などの信頼に値する史料には、信長が光秀に対して酷い仕打ちをしたという記事は載っていない**ため論拠が薄い。

・**「暴君討伐説」**

信長が暴君であり、やり方があまりに残虐非道なので、「天に代わって誅伐《ちゅうばつ》してくれる!!」という一種の正義感からという説。野望や怨恨など、私情にかられて謀反を起こしたのではなく、多くの人のため、また朝廷などの旧体制を守るため、という大義名分が、その動機だという説だが、それまでの光秀の生き方に「天」を意識したり、正義を感じたりすることはあまりない点で少し無理がある。

・**「性格不一致説」**＋**「不安説」**

暴君と化した信長と、保守的な光秀との間の性格不一致が顕著になり、いずれ自分が信長の敵対者として過酷な処分を受けることになるのでは、と不安を抱いたとする説。

確かに**信長と光秀は、「太陽と月」くらい性格は対照的**だ。そして将来に対する不安もあったかもしれないが、謀反を起こす根拠としては弱い。

「本能寺の変」の決行直前、愛宕山に参籠した際に、おみくじを何度も引いていることなどから、光秀はノイローゼになっていたという説もある。しかし、不安に駆られ、ノイローゼになった光秀が、あれほど用意周到に兵を動かして謀反を成功させられるだろうかと考えると、これもちょっと無理がある説だ。

②黒幕や共犯者が存在するという説

・**「四国征伐回避説」**

四国平定を目指していた長宗我部《ちょうそかべ》元親《もとちか》と信長とは、当初友好関係にあったが、天下統一を目指す信長は途中から元親への態度を一変し、四国攻めを計画した。

光秀は、元親と信長との取次役を務めていたうえに、光秀子飼いの重臣斎藤利三《としみつ》と長宗我部家とは血縁関係で結ばれていたので、光秀は元親を攻める事態はなんとしても避けたかった。そこで元親と共闘して信長を討ったという説。これは現実的な利害関係も絡《から》んでいて、ありそうな説ではある。

・**「秀吉黒幕説」**

信長の死で一番得をしたのは間違いなく「秀吉」だ。「本能寺の変」が起きると、戦っていた毛利側とわずか二日で講和を締結し、備中高松城から山城《やましろ》の山崎《やまざき》（現・京都府乙訓郡《おとくにぐん》大山崎町《おおやまざきちょう》）までの約二百三十キロメートルを、たった十日間で走破する「中国大返し」をやってのけた。あまりの手回しのよさから、秀吉は光秀が謀反を起こすよう仕向けていた、という読みだ。

しかし、光秀と共謀して謀反を起こしながら、「山崎の戦い」（旧来「天王山《てんのうざん》の戦い」とも称された）で光秀を討っていることから、この説は矛盾していると考えられる。

・「**朝廷黒幕説**」

正親町天皇を引きずり下ろし、誠仁親王を次の天皇の座に就けて朝廷を牛耳《ぎゅうじ》りたい信長と、権力を握り続けたい老獪《ろうかい》な正親町天皇とは激しくぶつかっていた。他にも「朝廷」と信長の間にはさまざまな軋轢《あつれき》があった。「本能寺の変」の直後、信長と親交のあった前関白近衛前久《このえさきひさ》が讒言に遭って事件関与を疑われたが、のちに疑惑は晴れている。とはいうものの、この説は幾分か可能性を残している。

・「**足利義昭黒幕説**」

信長への積年の恨みが、義昭の骨の髄《ずい》まで達していたのは疑う余地もない。「信長包囲網」の黒幕として長年、打倒信長を策謀していたのも事実だ。

また、この時期の義昭は毛利氏のもとで亡命生活を送っており、毛利輝元《てるもと》が信長との戦いを回避するために、義昭と共謀して光秀をそそのかしたという考えもある。ただし、この時期の義昭はもはや「尾羽《おは》打ち枯らした」状態だったので、そんな影響力があったかどうか疑問だ。

・**「徳川家康黒幕説」**
家康が天下取りのために、光秀と共謀して信長を排除したとする説だ。また、「本能寺の変」の三年前、家康の正室築山殿《つきやま》と嫡男信康が敵の武田勝頼《かつより》と通じていることを知った**信長が激怒し、家康に命じて信康を切腹させた事件**(正室の築山殿は家康の家臣の手にかけられた)があった。

信長との関係性を重んじた家康の苦渋の決断といわれるが、正室と嫡男を失った家康が信長を恨んでいたことも、この説を裏づけると考える。

しかし、「本能寺の変」のあと光秀軍に追われて「伊賀越《いがご》え」という、家康の人生最大の危難《きなん》に遭っている点からも、光秀との共謀説は成り立たないだろう。

ただ、光秀は死んでおらず、「天海《てんかい》」と名を変えて僧形《そうぎょう》で家康に仕えたという説があり、なんらかの形で家康と光秀には接点があったと考えることもできる。

ここにあげただけでも諸説紛々であり、戦国史上最大のミステリーとも呼ばれる「本能寺の変」だが、真実を知っているのは光秀ただ一人といえるだろう。

おわりに　戦い済んで日が暮れて。そして時代は回り続ける

『信長公記』は、「本能寺の変」のあと、「徳川家康、堺から退去」の記事で終わっています。少し尻切れトンボのような気がするので、その後のことに軽く触れておきたいと思います。

「本能寺の変」を知った秀吉が、「中国大返し」という韋駄天《いだてん》走りで備中から畿内へと戻り、「山崎の戦い」で光秀を討ちました。**「光秀の三日天下」といわれていますが、実際には十一日間でした。**

戦い済んで日が暮れて……。一五八二年六月、織田家後継者および遺領の配分を決定するために、信長の家臣ビッグ4、柴田勝家、丹羽長秀、羽柴《はしば》秀吉、池田《いけだ》恒興《つねおき》が清《きよ》洲《す》城に集まり、話し合いの場がもたれました。世にいう**「清洲会議」**です。

そこでの主役は信長の敵討ちを果たした秀吉でした。秀吉は信長の跡継ぎとして、まだ三歳の三法師《さんぼうし》（信忠の嫡男、つまり信長の嫡孫《ちゃくそん》）を推します。勝家は三男信孝を

推しましたが一対三で押し切られ、「秀吉vs.勝家」の構図ができあがりました。

次男信雄は秀吉と結び、信孝は勝家と結んで敵対します。「賤ヶ岳《しずがたけ》の戦い」にまで発展したこの対立は、信雄・秀吉側の完勝に終わりました。勝家は妻のお市《いち》の方《かた》と共に自害し、信孝は信雄の命によって自害させられます。切腹の際、信孝は腹をかき切って腸《はらわた》を摑み出すと、床の間の掛け軸に向かって投げつけたそうです。享年二十六。

その後、信雄は家康と手を組んで秀吉に戦いを挑みました。これが「小牧《こまき》・長久手《ながくて》の戦い」で、結果は引き分け。しかし、実質的には天下人となった秀吉の勝利です。信雄は秀吉に反抗したため領地を没収され、流罪《るざい》となりました。のちに赦され、江戸時代に入ると五万石の小大名の地位を得て、一六三〇年まで生きました。能の名手としても知られた信雄は、晩年、茶や鷹狩りなどの趣味を楽しみながら悠々自適《ゆうゆうじてき》の隠居生活を送ったのです。享年七十三。

第六天魔王信長の息子としては物足りない気もしますが、多数いた信長の息子の中で、江戸時代を通して大名として存続したのは信雄の系統だけでした。そう考えると、これも賢明な生き方の一つといえるでしょう。

板野博行

織田信長（1534〜1582）

西暦	年齢	
1534年	1歳	尾張の守護代の奉行、織田信秀の嫡男として誕生。
		幼名「吉法師」。傅役を平手政秀が務める。
1546年	13歳	元服し、「織田三郎信長」を名乗る。
1547年	14歳	今川方の三河、吉良・大浜を攻撃し、初陣を果たす。
1549年	16歳	美濃の領主斎藤道三の娘濃姫（帰蝶）を妻として迎える。
		人質の竹千代（徳川家康）と信広（信長の異母兄）とが交換される。
1551年	18歳	父信秀の死去により家督を相続。
1553年	20歳	傅役の平手政秀が切腹。義父・斎藤道三と初会見。
1555年	22歳	清洲城を奪って城主となる。
1557年	24歳	弟信行（信勝）を暗殺。

1560年	27歳	「桶狭間の戦い」で今川義元を討つ。
1562年	29歳	松平元康（のちの徳川家康）と「清洲同盟」を結ぶ。
1563年	30歳	小牧山城主となる。
1565年	32歳	尾張を統一。
1567年	34歳	居城を岐阜城に移し、「天下布武」の朱印を使用し始める。
1568年	35歳	足利義昭を奉じて上洛。
1569年	36歳	宣教師ルイス・フロイスと会見。伊勢を平定。
1570年	37歳	「姉川の戦い」で浅井・朝倉軍を破る。
		石山本願寺の顕如が挙兵し、戦いが始まる。
1571年	38歳	比叡山延暦寺を焼き討ちする。
1572年	39歳	「三方ヶ原の戦い」で武田信玄に惨敗を喫する。
1573年	40歳	信玄が病没。足利義昭を畿内から追放する。
		室町幕府滅亡。「天正」に改元。
		朝倉義景・浅井長政が自刃し、朝倉氏・浅井氏共に滅亡。

1574年	41歳	伊勢長島一向一揆を鎮圧。蘭奢待を切り取る。
1575年	42歳	「長篠の戦い」で武田勝頼軍を撃破。
		越前一向一揆を討伐。信忠に岐阜城を与え、家督を譲る。
1576年	43歳	琵琶湖東岸に安土城の築城を開始。
		「楽市楽座令」などの自由経済政策で、城下町の繁栄を図る。
1577年	44歳	松永久秀を討伐。秀吉に播磨・但馬平定を命じる。
		「手取川の戦い」で上杉謙信に敗れる。
1578年	45歳	荒木村重が離反。謙信が病没。
		九鬼嘉隆率いる鉄甲船が毛利水軍を撃破。
1579年	46歳	安土城の天主閣が完成。
1580年	47歳	石山本願寺と和睦（「十年戦争」終結）。
1581年	48歳	京の内裏で「京都御馬揃え」を催す。
1582年	49歳	「天目山の戦い」で武田勝頼が自刃。武田家が滅亡。
		明智光秀の謀反に遭い、本能寺にて自刃して果てる。

◎参考文献

『新人物文庫 現代語訳 信長公記』太田牛一著・中川太古訳（KADOKAWA）／『人物叢書 織田信長』池上裕子、『歴史と古典 信長公記を読む』堀新（以上、吉川弘文館）／『戦国武将伝 織田信長』泉秀樹（PHP研究所）／『織田信長と安土城』秋田裕毅（創元社）／『あらすじで読む「信長公記」』黒田基樹監修（三才ブックス）／『図解雑学 織田信長』西ヶ谷恭弘（ナツメ社）／『経済で読み解く織田信長』上念司（ベストセラーズ）／『シリーズ［実像に迫る］10 荒木村重』天野忠幸（戎光祥出版）／『ミネルヴァ日本歴史人物伝 織田信長』小和田哲男監修（ミネルヴァ書房）／『完全図解！歴史人物データファイル1 織田信長』小和田哲男監修（ポプラ社）／『図説 日本人が知らなかった戦国地図』歴史の謎研究会編（青春出版社）／『織田信長事典 コンパクト版』岡本良一・松田毅一・小和田哲男・奥野高廣編（新人物往来社）／『信長公記 戦国覇者の一級史料』和田裕弘、『戦国武将の実力 111人の通信簿』小和田哲男（以上、中公新書）／『戦国武将の解剖図鑑』本郷和人監修（エクスナレッジ）／『織田信長 不器用すぎた天下人』金子拓（河出書房新社）／『信長「歴史的人間」とは何か』本郷和人（トランスビュー）／『対論 たかが信長されど信長』遠藤周作（文藝春秋）／『信長記 上・下』小瀬甫庵撰、神郡周校注（現代思潮新社）／『歴史REAL「織田信長」』（洋泉社）／『信長年代記』増原驍（叢文社）／『信長徹底解読 ここまでわかった本当の姿』堀新・井上泰至編（文学通信）／『歴史人』2014年6月号「覇王・織田信長の謎100」、2015年7月号「本能寺の変」、2015年12月号「織田信長合戦全記録」（以上、ベストセラーズ）／『歴史秘話ヒストリア 戦国武将編 織田信長』『歴史秘話ヒストリア 戦国武将編二 織田信長』『その時歴史が動いた 乱世の英雄編 信長 執念の天下統一』

（以上ＤＶＤ、ＮＨＫエンタープライズ）

◎画像提供（数字は掲載ページ）

「斎藤道三遺言状　弘治二年四月十九日付　児宛」大阪城天守閣蔵：P.42／『久我家文書』「織田信長朱印状（折紙）」國學院大學図書館所蔵：P.72／「浅井長政室〔織田氏〕画像」東京大学史料編纂所所蔵模写：P.76／『絵本太閤記　二編巻六』「信長比叡山を焼く」人間文化研究機構国文学研究資料館ＣＣ ＢＹ-ＳＡ：P.93／「黄熟香」正倉院宝物：P.117／安土城郭資料館復元模型：内藤 昌 復元©：P.160／「松永久秀肖像（部分）」高槻市立しろあと歴史館所蔵：P.181／「本能寺焼討之図」愛知芸術文化センター愛知県図書館所蔵：P.214／「明智光秀肖像画」岸和田市本徳寺所蔵：P.227

本書は、本文庫のために書き下ろされたものです。

眠《ねむ》れないほどおもしろい信長公記《しんちょうこうき》

著者　板野博行（いたの・ひろゆき）
発行者　押鐘太陽
発行所　株式会社三笠書房
〒102-0072 東京都千代田区飯田橋3-3-1
電話　03-5226-5734（営業部）03-5226-5731（編集部）
https://www.mikasashobo.co.jp
印刷　誠宏印刷
製本　ナショナル製本

ISBN978-4-8379-3047-1 C0195

王様文庫